CB032387

SEGUE EM HARMONIA

Pelo Espírito JOANNA DE ÂNGELIS

Comentado por Suely Caldas Schubert

SEGUE EM HARMONIA

DIVALDO FRANCO

SALVADOR, BA
1. ed. – 2016

© (2015) Centro Espírita Caminho da Redenção – Salvador, BA.
1. ed. (1ª reimpressão) – 2016
5.000 exemplares (milheiros: do 8º ao 12º)

Revisão: Prof. Luciano de Castilho Urpia/ Lívia Maria Costa Sousa
          Adriano Ferreira/ Manoelita Sousa Rocha
Editoração eletrônica: Ailton Bosco
Capa: Cláudio Urpia
Coordenação editorial: Prof. Luciano de Castilho Urpia
Produção gráfica:

LIVRARIA ESPÍRITA ALVORADA EDITORA
Telefone: (71) 3409-8312/13 – Salvador – BA
E-mail: <leal@mansaodocaminho.com.br>
Homepage: www.mansaodocaminho.com.br
Dados Internacionais de Catalogação na Publicação (CIP)
(Catalogação na Fonte)
BIBLIOTECA JOANNA DE ÂNGELIS

FRANCO, Divaldo.

F825   *Segue em harmonia*. 1.ed. /Pelo Espírito Joanna de Ângelis [psicografado por] Divaldo Pereira Franco e comentado por Suely Caldas Schubert. Salvador: LEAL, 2016.
    204 p.
    ISBN: 978-85-8266-118-5
    1. Espiritismo 2. Reflexões morais I. Franco, Divaldo II. Schubert, Suely III. Título.

                                           CDD: 133.93

DIREITOS RESERVADOS: todos os direitos de reprodução, cópia, comunicação ao público e exploração econômica desta obra estão reservados, única e exclusivamente, para o Centro Espírita Caminho da Redenção. Proibida a sua reprodução parcial ou total, por qualquer forma, meio ou processo, sem a expressa autorização, nos termos da Lei 9.610/98.

Impresso no Brasil
Presita en Brazilo

SUMÁRIO

Segue em harmonia   9

1 ALEGRIA ABSOLUTA   15
Da alegria e da plenitude   19

2 A BUSCA DA ILUMINAÇÃO   27
Sinal do Cristo   31

3 AFERIÇÃO DE VALORES   39
Os padrões de Jesus   43

4 AMA A TUA DOR   51
O passaporte definitivo   55

5 AMOR E SAÚDE   63
O fascínio do amor   67

6 AUTOILUMINAÇÃO   79
Expansão da consciência   83

7 DISSIDÊNCIAS   93
Nas fileiras da Doutrina Espírita   97

8 FAZE O MESMO — 105
Legião de estrelas — 109

9 CONEXÃO FELIZ — 117
Prece, conexão com a mente divina — 121

10 JOVIALIDADE — 131
Os infinitos roteiros da imortalidade — 135

11 LIBERDADE REAL — 143
A lei de liberdade — 147

12 LUTA CONTÍNUA — 155
Compromisso com Jesus — 159

13 OS DESERTORES — 167
A viagem de volta — 171

14 OUVE A TUA CONSCIÊNCIA — 179
Evolução da consciência — 183

15 SABEDORIA DO AMOR — 191
Os mananciais das bênçãos divinas — 195

PREFÁCIO

SEGUE EM HARMONIA

A REENCARNAÇÃO OBJETIVA ESSENCIALMENTE a oportunidade de despertar os sublimes valores intelecto-morais adormecidos no Espírito.

Etapa a etapa vão sendo conquistados os tesouros do conhecimento e do sentimento que facultam a perfeita compreensão da existência terrestre.

À semelhança da semente que necessita morrer asfixiada no solo que a acolhe para que surja *exuberante*[1] *a planta gloriosa, o* Deus interno, *em condição idêntica, expande-se e vence os envoltórios que o guardam, até alcançar a plenitude.*

É natural que muitos desafios sejam vencidos – heranças *atávicas* das experiências iniciais mais vinculadas aos instintos básicos – de modo que as emoções elevadas predominem no comportamento, ensejando a harmonia plena.

Inegavelmente responsável pelo progresso que lhe está destinado, necessita experimentar as *injunções* e circunstâncias dos fatores ambientais e morais em que se encontra, de modo a superá-las, e neste esforço aprimora-se e faz jus à saúde e à perfeita integração no conjunto cósmico.

Quedas e insucessos ocorrem na experiência evolutiva, sem que haja prejuízo do programa, porquanto, bem administrado, abre caminhos outros antes desconhecidos para a sua regulariza-

EXUBERANTE
Em que há abundância; profuso, rico.

ATÁVICO
Transmitido ou adquirido por atavismo, de um ascendente remoto.

INJUNÇÃO
Pressão; imposição; exigência.

---

1. O glossário desta obra adota como referências principais os dicionários Houaiss, Aulete Caldas e Aurélio.

ção, o que contribui para o fortalecimento em novos tentames que se transformarão em êxito.

DESIDERATO
Aquilo que é objeto de desejo; aspiração ou desideratum..

Para que esse *desiderato* seja atingido, indispensável se faz a presença interior de uma filosofia otimista e grave, que faculte a reflexão de cada ato, e ao mesmo tempo proporcione diretriz segura para o comportamento.

Sem nenhum demérito para os extraordinários pensadores de todos os tempos, que contribuíram em favor do bem-estar do indivíduo e, por extensão, da Humanidade, as lições incomparáveis de Jesus Cristo constituem o mais completo compêndio de diretrizes de que se tem notícia, para que seja alcançada a finalidade existencial.

Ninguém, à Sua semelhança, conseguiu ensinar pelo exemplo um comportamento favorável à harmonia íntima, tendo como base essencial o amor. Muitos falaram sobre o amor em vários aspectos, sobre a compaixão e o respeito às leis estatuídas, que têm contribuído para o avanço social e moral dos povos. No entanto, os ensinamentos do Mestre galileu constituem o mais extraordinário código que facilita o processo de transformação interior, auxilian-

CUMEADA
(Fig.) Apogeu, ápice.

do o indivíduo a vencer as más inclinações e a alcançar as *cumeadas* do progresso.

Esse amor de que Jesus se fez o vivo exemplo, emana de Deus e sustenta o Universo, constituindo-se num dos elementos essenciais para a vida. Enquanto não brota a consciência dessa emoção e o ser permanece aferrado às paixões do ego, aturde-se com facilidade, não tem ideia perfeita do que é importante ou não para a aquisição da sua felicidade.

Confunde o gozo externo, o prazer voraz e rápido com o anelo de plenitude.

Mediante a vivência do amor é possível começar e recomeçar inúmeras vezes sem desânimo nem aflição o programa iluminativo, mediante o qual a sombra da ignorância cede lugar ao conhe-

cimento libertador, às vezes exigindo sacrifício que se transforma em coroa de vitória.

Quando se ama realmente, tudo aquilo que se apresenta como impossibilidade converte-se em realização, porque o amor nunca desiste, jamais se perverte e mantém-se com o mesmo ardor do momento inicial, mesmo quando tudo parece estar situado em oposição ao seu ministério.

A harmonia interior é fruto do amor em ação, da superação dos impedimentos naturais que todos encontram pela senda evolutiva.

Jardins floridos e bosques de árvores frutíferas e frondosas resultam de zelosos labores daqueles que deles cuidam.

A harmonia interior é o fruto do equilíbrio entre o corpo físico, a emoção e a mente. Inicia-se no pensamento voltado para os elevados ideais da vida, movimentados pelo amor e a abnegação na construção do Bem.

•

Este é um livro algo diferente.

É resultado de um trabalho de várias mentes e mãos.

Convidamos a consóror Suely Caldas Schubert, trabalhadora infatigável do Evangelho de Jesus, a entretecer considerações em torno de mensagens por nós ditadas psicograficamente, a fim de ampliar-lhes o conteúdo dedicado ao nosso público leitor.

CONSÓROR (Neol.) fem. de confrade; confreira.

São quinze temas de atualidade, enfocados nas sublimes lições do inolvidável Nazareno, que ela estuda com inspiração e argúcia, ampliando o campo das reflexões que ajudam ao seu entendimento e vivência, quando as situações se apresentam nebulosas ou difíceis de ser entendidas.

Em todos os comentários esplende a sabedoria do Mestre, que convida as mentes e os corações humanos ao banquete de amor por Ele promovido, desde há dois mil anos, enquanto aguarda os comensais com as vestes nupciais.

JOANNA DE ÂNGELIS

LAVRA
(Fig.) Qualquer lugar onde se cria e/ou produz algo; fábrica, fabricação

A primeira mensagem de cada capítulo é de nossa lavra e a que a sucede pertence à nossa gentil colaboradora.

•

Esperamos, sinceramente, que estas páginas, escritas com imensa ternura e devotamento, encontrem guarida naqueles que venham a lê-las, e, mais do que isso, aplicá-las no seu cotidiano.

A sociedade terrestre nunca teve tanta necessidade de Jesus como hoje, quando a violência e os sofrimentos generalizados se abatem sobre as suas aspirações e geram desencanto, frustração, loucura e fuga...

Somente com o extraordinário instrumento da fé na sua imortalidade e a irrestrita confiança em Deus, pode o ser humano superar os terríveis desafios e seguir em harmonia, confiando na vitória final.

JOANNA DE ÂNGELIS
Salvador, 25 de maio de 2015.

• •

QUANDO SE AMA
REALMENTE, TUDO
AQUILO QUE SE
APRESENTA COMO
IMPOSSIBILIDADE
CONVERTE-SE EM
REALIZAÇÃO, PORQUE O
AMOR NUNCA DESISTE,
JAMAIS SE PERVERTE
E MANTÉM-SE COM
O MESMO ARDOR DO
MOMENTO INICIAL,
MESMO QUANDO TUDO
PARECE ESTAR SITUADO
EM OPOSIÇÃO AO SEU
MINISTÉRIO.

ALEGRIA ABSOLUTA

1

TODOS OS SERES HUMANOS BUSCAM INFATI-gavelmente a alegria perfeita.

São inúmeros os conceitos em torno do fenômeno interior do júbilo em plenitude, quase sempre aureolado de sensações.

São Francisco de Assis teve a coragem de apresentá-la de maneira muito especial, como somente ele poderia fazê-lo, experienciando-a.

Em ditosa oportunidade, enquanto caminhava com o irmão Leão entre Perugia e Santa Maria dos Anjos, em pleno inverno, padecendo penúrias incontáveis, foi tomado de arrebatamento e, sorrindo eufórico, disse:

– Irmão Leão, mesmo que nossos irmãos em todo e qualquer lugar ofereçam um especial exemplo de santidade e de devoção, recorda e escreve no teu coração e no teu espírito, que isso não representa a alegria absoluta.

Logo depois, vencendo o trecho do caminho e ainda em plena exaltação, voltou a afirmar:

– Oh! Irmão Leão. Se nossos irmãos puderem curar os cegos, expulsar demônios, fazer que mesmo os surdos ouçam, que os paralíticos caminhem e os mudos falem, e mesmo que logrem ressuscitar os mortos depois de quatro dias, escreve, irmão, que tudo isso não seria razão para a alegria absoluta.

E continuando a marcha, afirmou com valor e coragem:

– Oh! Irmão Leão. Se os irmãos menores possuíssem o dom das línguas e das ciências, se se encontrassem em condições de profetizar, podendo revelar não apenas as questões do futuro, mas também os segredos do coração e da mente, escreve que também essa conquista não representaria a alegria absoluta.

Mais à frente, exclamou, emocionado:

– Oh! Irmão Leão, cordeirinho de Deus, até mesmo se falassem a linguagem dos anjos e conhecessem a música das estrelas e as forças das plantas, se todos os tesouros do mundo lhes fossem revelados e contassem com a energia dos pássaros e dos peixes, assim como dos outros animais e pessoas, as árvores e os minerais, as raízes e as águas, escreve que todas essas conquistas não seriam a alegria absoluta.

E, por fim, novamente expôs:

– Oh! Irmão Leão. Se nossos irmãos pregassem e conseguissem converter os não crentes, escreve que ainda essa maravilhosa honra não constitui a alegria absoluta.

Ante o seu silêncio, o irmão Leão perguntou-lhe, realmente surpreso:

– Querido Pai, rogo-te pelo amor de Deus que me digas o que é a alegria absoluta.

O santo, ainda emocionado, replicou:

– Oh! Irmão Leão. Estamos viajando a Santa Maria, molhados totalmente pela chuva e magoados pelo frio, cobertos de musgos e mortos de fome, e, ao chegar, chamaremos à porta e o guarda nos perguntará aborrecido:

– Vocês, quem são?

Nós responderemos que somos dois irmãos dele. Mas ele, então, ainda mais aborrecido, voltará a afirmar:

– O que vocês dizem é mentira, são dois vagabundos que andam por aí enganando o mundo, furtando as esmolas dos pobres. Saiam daqui!

"E não nos abrindo a porta e não nos deixando entrar, a neve e a chuva, a fome e a noite gelada ameaçadora e nós toleremos com paciência semelhante injustiça e maus tratos, sem nos aborrecermos, e quando concluirmos que o guarda tem razão e reconhecermos que não somos dignos e que é Deus quem o manda falar dessa maneira, oh!, irmão Leão, escreve que essa é a alegria absoluta! Ouve ainda, que mais elevado do que todos os dons e bênçãos que o espírito de Jesus Cristo concede aos seus, encontra-se este: o de cada qual superar-se a si mesmo, por amor ao Excelso Benfeitor, tolerar jovial e gostosamente o castigo, a injúria e o sofrimento."

•

Oportunamente, numa das suas viagens, ao desabrigo e sofrimento, chegou a um dos monastérios dos Menores e solicitou albergue durante a noite gelada, havendo sido considerado vagabundo e ladrão, ameaçado de receber uma surra, tendo-se fechado a porta pesada em sua face...

Sem reclamar, nem se justificar ou fazer-se identificar, por amor ao Nazareno, que não tinha uma pedra para reclinar a cabeça, afastou-se louvando-O e bendizendo-O.

Esta opção pelos valores transcendentes dele fez o mais fiel seguidor de Jesus.

•

Numa reflexão psicológica moderna, pode-se dizer que o nobre Francisco, muito bem chamado o *Pobrezinho de Deus*, na sua inocência e submissão à vontade divina, exagerava no comportamento, tendo em vista a atitude que violenta o bom senso e a razão, apresentando sintomas graves de masoquismo, de distúrbio de comportamento.

A visão cristã do sofrimento, porém, difere muito da convencional do prazer, da alegria, da felicidade.

Perseguido, mas não perseguidor, maltratado, porém, nunca maltratando, incompreendido, sem revidar, compreendendo sempre, é a forma de anular a dominação do *ego* e iniciar a superação da *sombra* do *Self,* para alcançar o estado numinoso, a plenitude, a alegria absoluta...

Essa alegria que ele vivenciou até o momento da libertação, dele fez o herói que dilui a *sombra* e alcança a perfeita identificação do eixo *ego–Self.*

É necessário não confundir a alegria perfeita com o júbilo dos prazeres da mesa farta ou das festas mundanas, com a distinção social e a coleta de benefícios que agradam o ego, *mas não preenchem o vazio existencial, que proporcionam sorrisos momentâneos e logo passam, deixando, muitas vezes, o* ressaibo *da decepção e da amargura.*

> **RESSAIBO**
> Ressentimento, rancor, decepção.

Quando se conseguir superar as circunstâncias externas com as emoções direcionadas aos objetivos elevados que se cultivam, naturalmente que peculiar alegria tomará conta da existência, por haver-se logrado superar todos os impedimentos materiais para a sua concretização transcendente.

Por isso que os chamados sofrimentos, que defluem dos ideais em execução, não podem constituir motivos de aflição para quem deseja a libertação das amarras com a retaguarda da evolução.

Se experimentares mudar o rumo das tuas reflexões, pensando na conquista da alegria absoluta, conforme ele a viveu, compreenderás que o Pobrezinho tem razão.

• •

Da alegria e da plenitude

A belíssima página de Joanna de Ângelis leva-nos a deduzir que Francisco almeja o martírio, como nos tempos recuados do Cristianismo primitivo. Em torno dele, a Natureza esplende com todas as características do inverno rigoroso, a caminhada é exaustiva, o frio e a fome, o corpo exaurido batido pelo vento gelado. Vários ângulos de sofrimentos ou de conquistas morais e espirituais são examinados por ele, enquanto caminha ao lado do irmão Leão, mas em nenhum dos exemplos citados encontra-se a alegria absoluta, como a imaginava. Era necessário ainda mais.

Talvez Francisco se reportasse, no imo de sua alma, aos mártires que enfrentavam a morte na arena do circo, atacados pelas feras, ou atados aos postes para o suplício final nas fogueiras, como se estas expressões da fé cristã, sob a ótica do momento que ambos experimentavam, fossem, então, a conquista da inefável alegria em Cristo.

INEFÁVEL
Indescritível, indizível, inexprimível.

Analisando cada uma das argumentações do Pobrezinho de Deus, verificamos que ele faz algumas alusões às passagens de Mateus, especialmente o capítulo 10, como também identificamos respingos de alguns versículos das epístolas I e II de Paulo aos Coríntios, entretanto, enfatizando sempre que a alegria absoluta adviria da dor de testemunhos sacrificiais, da entrega plena a Jesus, sabendo que assim o faziam os mártires no circo. Para ele, a arena seria ali onde se encontrava, no momento em que enfrentaria a si mesmo, domando e vencendo a matéria que o corpo expressava.

Na fieira dessas reflexões, recordo-me de Lázaro e de sua mensagem, conforme *O Evangelho segundo o Espiritismo*, (FEB, 2004) capítulo XI, item 8, uma das mais belas páginas de toda a obra, que a certa altura afirma:

> *"Quando Jesus pronunciou a divina palavra – amor–, os povos sobressaltaram-se e os mártires, ébrios de esperança, desceram ao circo."*

Francisco anelava pelo testemunho do martírio, não assumindo a posição de vítima, como se poderia supor à primeira vista, mas sim, o que para ele significava o domínio completo do *ego*, assim suplantado pelo *Self*, o que o levaria ao estado numinoso, à plena alegria.

Em várias páginas ditadas por Joanna de Ângelis a Divaldo Franco, como também nas duas obras assinadas por Manoel Philomeno de Miranda, *Transição Planetária* (LEAL, 2010) *e Amanhecer de uma Nova Era* (LEAL, 2012), a presença de Francisco de Assis tem sido frequente. A sua aproximação, como se pode deduzir, não é casual, faz parte da extensa programação espiritual do médium Divaldo Franco.

Já vai longe o tempo em que Francisco de Assis ditou ao médium Chico Xavier uma mensagem destinada a Divaldo; como igualmente transmitiu uma página, psicografada pelo médium italiano Pietro Ubaldi, também dedicada ao Divaldo, três anos depois. Vejamos como foram essas ocorrências.

Corria o ano de 1950, Divaldo Franco, com 23 anos, estava em Pedro Leopoldo, na noite de 3 de outubro, quando Francisco de Assis ditou a Chico Xavier mensagem endereçada ao jovem baiano, que se encontrava, então, no alvorecer de sua caminhada terrena. Longa e bela página cujo teor elevado denota o Espírito superior que a transmitiu, perfeitamente captada pelo médium mineiro.

FIEIRA
(Fig.) Vivência por que se fez alguém passar; experiência

NUMINOSO
Estado de alma inspirado pelas qualidades transcendentais das divindades

Destaco as frases de início e a última dessa mensagem:

"Meu filho, Deus te abençoe. Estamos a pleno caminho da redenção.(...) Não nos achamos reunidos por acaso, depois de quatro séculos de civilização baiana e brasileira. Temos compromissos. Não nos congregamos ali agora pela primeira vez.

(...) Imprescindível caminhar agindo na sementeira sublime do futuro.

(...) Abraça-te com muito carinho o velho companheiro.

Francisco

Três anos depois, em São Paulo, dia 4 de outubro de 1953, o médium italiano Pietro Ubaldi, em visita ao Brasil, em reunião íntima na qual estavam apenas dez pessoas, psicografou mensagem endereçada a Divaldo, ali presente, assinada por Francisco. Ao término da reunião, todos assinaram a página original, escrita, naturalmente, no idioma pátrio do médium. Em tradução do professor José Passini, (de Juiz de Fora, MG) registro aqui as frases iniciais e a final:

"Continua a tua obra santa, a bênção de Deus está sobre ti.(...) Coragem! Eu amo a todos quantos lutam pelo bem.(...)
Sê tu um dos escolhidos para esta grande transformação do mundo.

Vai, continua e não temas. (...) Será contigo a paz eterna que só Deus pode dar. Sobre ti está o olhar do teu amigo Francisco."
(SCHUBERT, Suely Caldas. *O Semeador de estrelas*. Salvador, 8ª ed., LEAL, 2014.)

A frase em negrito leva-nos a concluir que as duas obras psicografadas por Divaldo, *Transição Planetária* e *Amanhecer de uma Nova Era*, de autoria do Espírito Manoel Philomeno de Miranda, fazem parte do grandioso projeto da *transformação do mundo,* rumo à regeneração anunciada. É admirável constatarmos o perfeito encadeamento dos fatos, a ligação histórica que se vai confirmando a cada passo, a cada época. Francisco de Assis, hoje, tendo Dr. Bezerra de Menezes a seu lado, cuida pessoalmente dessas providências de ordem superior para que a promessa do Cristo se cumpra integralmente.

É oportuno ressaltar o especial momento em que Francisco de Assis se fez anunciar, anos antes, através desses dois notáveis médiuns, absolutamente distantes um do outro, Chico Xavier, no Brasil, e Pietro Ubaldi, que veio da Itália, ambos qualificados espiritualmente, a sintonizarem a alta frequência vibratória mental do comunicante. Quase sessenta anos se passaram, e agora, no momento certo, esse Benfeitor da Humanidade se faz presente junto ao plano físico, sempre acompa-

SAGA
Narrativa, história, conto.

nhando espiritualmente a saga mediúnica de Divaldo Franco, aliada, obviamente, à sua vivência, integralmente voltada para o amor e para a paz mundiais. Sem esquecermos de que Joanna de Ângelis como que reatou e reafirmou as ligações históricas entre Francisco, Divaldo e ela própria, escrevendo várias mensagens dedicadas a esse Espírito superior.

A alegria absoluta e inefável de Francisco visa ao Espírito imortal, ensinando que a escalada evolutiva não se realiza sem sacrifícios inauditos, tendo como meta a plenitude espiritual. Entretanto, o que se vê hoje é bem diferente dos tempos de

ANTANHO
Em épocas passadas, outrora.

antanho, o foco da alegria ou da felicidade completas apresenta nuanças diversas, quem sabe muito mais difíceis.

Trata-se, atualmente, de se travar uma luta contra feras com mil disfarces, que se enfeitam de maneira sedutora, ofertando prazeres de toda sorte, jamais pensados, sempre visando a atender às perecíveis exigências dos sentidos físicos, convidando os incautos seres humanos a cair em suas armadilhas: drogas, sexo, dinheiro, fama – são as buscas afanosas da maioria, desejosos de ser os vitoriosos na terrível competição a que se submetem, não importando o preço, mesmo à custa de atropelar quem quer que seja. Esta competição na atualidade agrega jovens adolescentes, contaminados pelos vícios dos adultos, incentivados em todos os quadrantes do país pela mídia, pelas novelas e por filmes, cujas cenas atraentes e sempre repetidas em diferentes ângulos, retratam uma conduta desequilibrada, embora coloridamente apresentada e, portanto, perigosamente aceitável.

No livro *O Despertar do Espírito*, psicografado por Divaldo Franco, Joanna de Ângelis, escrevendo sobre a alegria, disserta:

"A alegria é a presença de Deus no coração do ser humano, cantando, sem palavras, melodias de perenidade, mesmo que de breves durações. (...)

Vivendo-se em sociedade formal, com suas regras criadas para agradar ao ego narcisista, a alegria espontânea raramente se expressa, em razão dos constrangimentos ou das adulações que propõem conduta artificial, disfarce de sentimentos, nivelamento de aparências e comportamentos iguais."

(FRANCO, Divaldo; ÂNGELIS, Joanna de [Espírito]. *O Despertar do Espírito*. Salvador, 9ª ed., LEAL, 2014, cap. 4, pp. 70 e 71)

A alegria é a presença de Deus no coração do ser humano – o significado profundo dessa afirmativa nos remete às sucessivas camadas de ignorância que habitam o ser humano, as quais, imprescindivelmente, terão que ser superadas para que se alcance o fulcro luminescente da alegria inefável que ressuma do *Reino de Deus* em cada um de nós. Essa é a descoberta que nos propõe a mentora, ensinando-nos a fazer uma leitura demorada das Leis Divinas ínsitas no Espírito imortal.

O ser humano tem realizado incontáveis descobertas, mas não descobriu ainda a esplendorosa amálgama de atri-

> **FULCRO**
> Ponto de apoio; sustentáculo, base.

> **AMÁLGAMA**
> (Fig.) Mistura de elementos diferentes ou heterogêneos que formam um todo.

butos que constitui a individualidade de cada um dos filhos de Deus.

Lembrando-nos, dessa forma, de Joanna de Ângelis em *Momentos de alegria*, quando escreve:

"Com o pensamento ligado a Deus, a Fonte inexaurível de onde haurirás os recursos superiores, mantém o clima de alegria.(...)

Todo o Evangelho de Jesus é uma constante canção de alegria, rica de esperanças e paz.

Medita nisso, pratica-o, e a tua existência se renovará, porque alegria é saúde e é vida." (FRANCO, Divaldo; ÂNGELIS, Joanna de [Espírito]. *Momentos de alegria*. Cap. 4, p. 15, LEAL, 2014).

O mundo necessita de Francisco. A Humanidade necessita de Jesus.

O Espiritismo resgata o exemplo do *Pobrezinho de Assis*, que nos relembra o Mestre, destacando-se a palavra da mentora ao finalizar a mensagem:

"Essa alegria que ele vivenciou até o momento da libertação, dele fez o herói que dilui a sombra e alcança a perfeita identificação do eixo ego–Self.

Se experimentares mudar o rumo das tuas reflexões, pensando na conquista da alegria absoluta, compreenderás que o Pobrezinho tem razão."

• • •

A ALEGRIA É A PRESENÇA
DE DEUS NO CORAÇÃO
DO SER HUMANO,
CANTANDO, SEM
PALAVRAS, MELODIAS
DE PERENIDADE, MESMO
QUE DE BREVES
DURAÇÕES. (...)

A BUSCA da ILUMINAÇÃO

2

É INEVITÁVEL PARA UMA EXISTÊNCIA SAUDÁvel, compatível com as lições exaradas no Evangelho de Jesus, a busca da iluminação interior.

A *sombra* dominante sempre sugere que seja postergado esse momento iluminativo, por temer a sua diluição. Nada obstante, enquanto viceja a ignorância da verdade, proliferam os conflitos e as buscas inúteis, as de natureza exterior que não preenchem o vazio existencial, nem conseguem apaziguar as ânsias internas em favor da harmonia pessoal.

Transtornos sutis de conduta inquietam o ser que parece caminhar sem a segurança do roteiro, assumindo comportamentos variados de acordo com os impositivos do momento, transferindo-se de um para outro com rapidez e mantendo a incerteza, os medos que o assaltam.

Enleado pelos fios invisíveis dos compromissos sociais, geradores de ansiedade e de inquietação, atira-se, ora ao trabalho exaustivo, a fim de adquirir recursos que lhe proporcionem o prazer, em ocasiões outras às fugas espetaculares das viagens de repouso ou de recreação, olvidando-se que, aonde quer que vá, o ser que se é, segue também...

> ENLEADO
> Que está entrelaçado, enredado. (Fig.) Atrapalhado, atônito.

Mecanismos bem-urdidos de desculpismos apresentam-se para adiar o momento da perfeita integração do *ego* no *Self*, embora o aparente interesse na modificação dos hábitos enfermiços e a aspiração enobrecida para a conquista da paz.

Nesse afã de manter os vínculos frágeis com familiares e amigos de ocasião ou mais antigos, exaure-se, vive cansado, insatisfeito, e foge para o prazer e o contentamento nos grupos díspares nos quais predominam as ilusões e futilidades, sem a coragem de definir-se pela integração da consciência no Psiquismo Cósmico.

Existem em todas as criaturas, sem dúvida, os arquétipos do *anjo* e do *demônio,* representando, respectivamente, os valores espirituais e os mundanos.

Parece deslocada no tempo e no espaço a opção por Deus e pela autoiluminação, enganando-se com a premissa de que para ser cristão não é necessário abandonar o mundo, porém, viver nele, naturalmente que, sem depender dele, da sua fixação, das suas exigências.

Nesse sentido, merece recordar que todas as criaturas cristãs, de alguma forma, têm no inconsciente os arquétipos Francisco e Clara, aguardando o momento de desvelar-se, assumindo o comando da jornada, a fim de que seja plena a existência corporal.

DUBIEDADE
Sujeito a diferentes interpretações; ambíguo.

Enquanto permanece a dubiedade da escolha, o tempo, que urge, passa rapidamente, até o momento quando a *Irmã Morte* apresenta-se, surpreendendo o viandante.

•

Não te atormentes na ânsia de ser agradável a todos, de bem atender a todos, de seres o melhor, o mais gentil, o mais amado, vivendo a *síndrome do herói*...

Preocupa-te em ser fiel aos compromissos para com a tua elevação espiritual, busca a autoiluminação, mediante a qual disporás dos instrumentos sublimes do amor para alcançar as outras metas: servir, passar, deixar pegadas identificadoras da felicidade, mãos vazias e coração repleto de bênçãos.

É inadiável o impositivo da reflexão profunda em torno do sentido, do significado da existência na Terra, considerando-lhe a transitoriedade.

A busca da autoiluminação impõe alguns requisitos que não podem deixar de ser observados, tais como: silêncio interior, mediante o qual o *Self* liberta-se da sua própria *sombra*, a reflexão em torno dos valores reais e daqueles aos quais são atribuídos significados, seleção de pensamentos a serem cultivados, abandono dos vícios mentais e permitir-se o surgimento de outras aspirações...

O ser humano tem-se tornado muito bulhento.

Os ruídos que aturdem passaram a ser-lhe um fundo musical, que se torna perturbação quando silencia por pouco tempo.

> **BULHENTO**
> Aquele que é dado a brigas; que faz muito ruído; desordeiro, rixoso, bulhão.

Os pensamentos pessimistas e queixosos, as análises negativas em torno das demais pessoas e dos acontecimentos, tomam precioso tempo que poderia estar sendo aplicado em planejamentos saudáveis.

Fixam-se muito as ocorrências negativas, enquanto as edificantes merecem rápido comentário e logo cedem lugar às habituais, constrangedoras e doentias.

O Espírito encontra-se reencarnado para renovar-se, para resgatar equívocos, a fim de evitar emaranhar-se nos hábitos infelizes de que tem sido vítima.

O caminho da Úmbria, percorrido por Francisco de Assis, é um pouco solitário e áspero.

Quem o deseja vencer, encontrá-lo-á dentro de si mesmo e não como vereda exterior para conquistar.

> **ÚMBRIA**
> Região localizada na área central da Itália. Sua capital é Perúgia. Na Úmbria, está situada Assis, terra natal de São Francisco.

É certo que não se faz necessária qualquer forma de mortificação, porque Jesus é alegria, e embora a Sua morte dolorosa e trucidante, o mais significativo é a Sua ressurreição, a Sua volta à convivência com os amigos atemorizados ante a noite angustiosa que haviam atravessado.

A luz sempre facilita a visão do ambiente, mas também apresenta o que estava oculto na sombra e era negativo: poeira, abandono, imundície...

Quando a divina luz penetra o ádito do coração humano, há um brilho incomparável que dele se exterioriza, mas a sua visão interior percebe quanto ainda necessita de purificar-se, de limpar as marcas da longa jornada.

ÁDITO
(Fig.) Aquilo que não se revela; mistério, segredo.

•

Evita a saudade da ilusão, substituindo-a pelo prazer inefável da ação do bem no teu dia a dia.

Liberta-te do corvo negro e triste da depressão, que tenta envolver-te nas asas sombrias do medo, do autoabandono, do desengano.

Rompe as algemas com o passado de ilusão e de gravames.

GRAVAME
Ofensa grave; dano sofrido; prejuízo.

O teu conhecimento em torno das Leis da Vida faculta-te melhor discernimento, que permite a conquista da harmonia, ante a preferência da luta redentora em vez do prazer ilusório.

Jesus veio ter com as criaturas terrestres, a fim de traçar-lhes o definitivo mapa que faculta o encontro com o bem-estar sem jaça, a libertação das tenazes da culpa, do medo, do arrependimento.

TENAZ
Instrumento formado por duas hastes de ferro, unidas por um eixo, à maneira de tesoura; pinça.

Utiliza-te, portanto, desse valioso contributo e avança identificado com o ideal da imortalidade, de tal forma que os desafios se transformem em força estimuladora para o progresso e a paz.

Busca Jesus sempre e Ele te dirá tudo quanto necessitas ouvir e realizar, se realmente te dispuseres a estar com Ele.

O sinal de que Ele está contigo é a claridade interior que te tomará, a alegria de viver e de amar, terminando por autoiluminar-te.

• •

Sinal do Cristo

A jornada evolutiva do Espírito imortal transcende ao tempo terreno e se embrenha pelos caminhos do infinito, necessitando, todavia – e por enquanto – de idas e vindas ao plano terráqueo e, não raramente, de recomeçar experiências imprescindíveis para amealhar conquistas perenes.

Apraz-nos reconhecer que muitas oportunidades nos são proporcionadas nessa busca constante do melhor, o que forçosamente impulsiona o progresso individual e coletivo.

Nessa linha de raciocínio, recorremos às sábias reflexões de Vinicius, pseudônimo de Pedro de Camargo, escritor espírita, quando afirma:

"Todos os seres, da monera ao homem, representam estados de evolução. São obras inacabadas, que vêm sofrendo modificações, que se vêm aperfeiçoando sob essas diferentes e múltiplas formas assumidas no incomensurável cenário da vida. (...) Uma vez iniciada (a vida) na infinita escala dos seres, ela segue o seu curso, evolvendo sempre, do infinitamente pequeno para o infinitamente grande. É assim que entre o verme e o homem, como entre o grão de pó e a estrela, existem afinidades. (...)

Para frente e para o alto, tal é o dístico inscrito em cada átomo do Universo. Desse asserto, consagrado já pela ciência oficial, decorrem dois postulados, que quais astros de primeira grandeza, refulgem na constelação da fé espírita: evolução e reencarnação."
(*Nas pegadas do Mestre*, FEB, 1979, 5ª edição, p. 114.)

MONERA
Reino das bactérias e cianobactérias, considerados os seres vivos mais primitivos da Terra.

EVOLVER
Passar por evoluções, transformar-se.

DÍSTICO
Lema; divisa; rótulo.
ASSERTO
Asserção, afirmação, proposição.

JOANNA DE ÂNGELIS

A perfeição das Leis Divinas pode ser apreendida por esses dois postulados referidos por Vinicius, **evolução e reencarnação**, pois só o fato de citá-los, a mente lúcida, que indaga e reflexiona, percebe o movimento ascensional que emana do significado que expressam. É preciso, porém, que o indivíduo tenha um horizonte interior bem mais amplo do que a reduzida visão de uma única existência terrena, para abarcar ideias que avançam para rumos infinitos, o que também implica deixar o comodismo mental para se defrontar com essa nova perspectiva, que induz ao aprimoramento de si mesmo.

O ser humano está sempre em busca de alguma coisa, que tanto pode ser planejada e organizada, quanto pode ser intuída num pensamento que repentinamente ocorre, evidenciando reminiscências pregressas ou inspiração que vem das potências invisíveis. O fato é que a escalada evolutiva trouxe a Humanidade para o patamar em que hoje se encontra.

Interessa-nos nesse ponto a palavra sempre bela de Léon Denis, quando assevera:

"A alma não é feita de uma só vez; a si mesma se faz, se constrói através dos tempos. Suas faculdades, suas qualidades, seus haveres intelectuais e morais, em vez de se perderem, capitalizam--se, aumentam de século para século. Pela reencarnação cada qual vem para prosseguir nesse trabalho, para continuar a tarefa de ontem, a tarefa de aperfeiçoamento que a morte interrompeu".
(*O problema do ser, do destino e da dor.* FEB, 2010, cap. XV da 2ª parte, p. 348.)

Este é o ser humano que a mentora apresenta, com toda sua bagagem moral e espiritual. Ela aduz que ele necessita empreender a busca incessante pela iluminação interior, como disserta numa de suas obras, *Jesus e o Evangelho à luz da Psicologia Profunda*, ao comentar o capítulo XV de *O Evangelho segundo o Espiritismo*:

"À medida que o ser adquire consciência da realidade do Si *profundo, a busca de mais elevados patamares torna-se inevitável. Conquistado um degrau, outro surge desafiador, enriquecido de possibilidades dantes não conhecidas. (...)*

A busca, na acepção da psicologia profunda, é o intenso labor de autoaprimoramento, de autoiluminação, esbatendo toda a sombra *teimosa, geradora de ignorância e de sofrimento".*

(FRANCO, Divaldo; ÂNGELIS, Joanna de [Espírito]. *Jesus e o Evangelho à Luz da Psicologia Profunda.* Salvador, 5ª ed., LEAL, 2014, cap. 33, p. 239.)

Todavia, alcançar a claridade desse novo tempo requer a inexorável travessia na escuridão da noite que a tudo invade.

São João da Cruz (1542-1591) expressa essa passagem num poema, *"A noite escura da alma"*, uma bela metáfora, para elucidar que a plena iluminação só é conquistada após vencidas as etapas do *ego* pelo *Eu* profundo, de modo que a consciência individual se transforme na consciência cósmica. A noite escura simboliza a provação que antecede a plena iluminação. A experiência iluminativa é prenhe de sofrimentos e desafios constantes.

PRENHE
Repleto; cheio.

O programa de Joanna de Ângelis é um processo avançado que visa à escalada evolutiva do ser humano. À medida que o ser começa a refletir sobre o sentido da vida, quando faz perguntas confabulando com seu mundo íntimo e procurando aí suas respostas, pode-se dizer com acerto que ele está dando os passos iniciais para encontrar o seu universo particular, pessoal, quando, num esforço mais aprofundado, se depara com o fulcro mais importante de sua existência, a consciência de si mesmo.

CONFABULAR
Conversar amigável e despreocupadamente; trocar ideias.

FULCRO
Ponto de apoio; sustentáculo; base.

O que reporta à assertiva de Jesus ao elucidar que o *"Reino de Deus está dentro de vós."* (Lucas, 17:21)

Nada poderia ser mais belo do que a compreensão, que gradualmente acontece, de que a Lei de Deus é ínsita em nós,

JOANNA DE ÂNGELIS

SINETE
Sinal; marca.

Espíritos imortais, que trazemos indelevelmente o sinete divino com que o Pai Celeste nos contemplou.

A consciência é, pois, o incomensurável repositório das Leis Divinas. A partir desse momento, não seremos mais os mesmos, porque já sabemos.

Portanto, Joanna de Ângelis veio falar dessa tomada de decisão, porque a hora é agora, o presente que vivemos. Não basta se tornar uma pessoa melhor; isso é valioso, porém é preciso avançar mais, abrir a porta dos penetrais do infinito e ir em frente, sem hesitações ou medo, burilando, aprimorando, desbastando arestas morais, mentais, preconceitos que vêm de longe e respirar novos haustos nessa psicosfera íntima, que aos poucos se torna leve e branda. Agora sim, ela propõe estágios mais avançados, e até podemos citar que estamos mais amadurecidos, para não apenas ouvir, mas sobretudo sentir a sua sabedoria incomum que desvenda um panorama totalmente surpreendente resultante da autoiluminação.

PENETRAIS
Partes mais recônditas, mais íntimas.

DESBASTAR
Tornar menos basto; polir; afinar, removendo o excesso; .

HAUSTO
Aspiração longa; (fig.) energia, força que se comunica.

Entretanto, é oportuno considerar que a mentora, há mais de duas décadas, em suas obras psicológicas convida o ser humano, com vistas ao Espírito imortal, a proceder à caminhada iluminativa, quando, por exemplo, lançou, em 1990, um dos livros da coleção *Momentos*, especificamente o *Momentos de iluminação* (LEAL, 1990).

Vejamos o que ela diz na sua apresentação:

"O grande desafio da vida são as aquisições eternas, e entre estas se destaca a autoiluminação.

O homem iluminado é afável e bom, amoroso e nobre, humilde e inolvidável. (...) O processo de iluminação, todavia, é lento e exige esforço.

É trabalho de toda hora, insistência de cada instante, empreendimento de curso libertador.

A cada passo, mais aumentam, em quem o busca, a ânsia de claridade, o anelo de conquistas novas".
(FRANCO, Divaldo; ÂNGELIS, Joanna [Espírito]. *Momentos de iluminação.* Salvador, 4ª ed., LEAL, 2014, pp. 8-9.)

O grande desafio, porém, torna-se ainda maior quando estados depressivos dominam grande número de pessoas, dando-lhes a sensação de que jamais conseguirão vencer esse sofrido estado íntimo. Jung, compreendendo isso, ressalta que *"existe em nós o temor secreto dos perigos da alma."* (JUNG, Carl Gustav. *Psicologia e Religião.* Petrópolis: Vozes, 1999, p.16).

A reação positiva, entretanto, inicia-se desde que o indivíduo atormentado pela depressão admita que tal mudança pode acontecer, o que abre um campo mental, uma fresta por onde se infiltra uma nesga de luz, princípio ativo de uma nova vida interior, na qual a coragem de olhar para dentro de si mesmo é a descoberta definitiva.

> **NESGA**
> Espaço ou coisa de tamanho reduzido; retalho, pedaço.

Santo Agostinho ensina o que se deve fazer para alcançar o autoencontro e o consequente conhecimento de si mesmo, "chave do progresso individual", conclamando:

"Formulai, pois, de vós para convosco, questões nítidas e precisas e não temais multiplicá-las. Justo é que se gastem alguns minutos para conquistar uma felicidade eterna. Não trabalhais todos os dias com o fito de juntar haveres que vos garantam repouso na velhice? Não constitui esse repouso o objeto de todos os vossos desejos, o fim que vos faz suportar fadigas e privações temporárias? Pois bem! Que é esse descanso de alguns dias, turbado sempre pela enfermidade do corpo, em comparação com o que espera o homem de bem? Não valerá este outro a pena de alguns esforços?"
(KARDEC, Allan. *O Livro dos Espíritos.* FEB, Brasília, 2006 – Q. nº 919.)

Essa difícil empreitada do autoconhecimento, primeiro estágio para a autoiluminação, é um campo vasto a ser conquistado, dependendo do anseio de cada um, no sentido de manter o passo na caminhada evolutiva. Na sequência, a mentora destaca os requisitos básicos que devem ser adotados:

"É inadiável o impositivo da reflexão profunda em torno do sentido, do significado da existência na Terra, considerando-lhe a transitoriedade.

A busca da autoiluminação impõe alguns requisitos que não podem deixar de ser observados, tais como: **silêncio interior***, mediante o qual o* Self *liberta-se da sua própria* sombra; **a reflexão em torno dos valores reais** *e daqueles aos quais são atribuídos significados;* **seleção de pensamentos** *a serem cultivados;* **abandono dos vícios mentais e permitir-se o surgimento a outras aspirações...**

Coloquei em destaque os pontos primordiais para a autoiluminação, conforme elucida Joanna de Ângelis. Importante que meditemos profundamente em cada uma das etapas assinaladas.

Silêncio interior – reconhecer que a nossa mente é um tumulto de pensamentos, de ideias que se tornaram fixas, como se fossem inamovíveis, é um bom começo, porque essas paisagens internas que querem voz, aos poucos se vão calando.

Reflexão em torno dos valores reais – um anseio novo decorre da insatisfação acerca dos valores transitórios, que passam a ser destituídos de qualquer valor.

Seleção de pensamentos – absolutamente inevitável a opção por pensar melhor.

Abandono dos vícios mentais – processo gradual que decorre da conscientização das etapas anteriores.

Permitir-se o surgimento a outras aspirações – vale citar o que explana a mentora:

"Nesse sentido, merece recordar que todas as criaturas cristãs, de alguma forma, têm no inconsciente os arquétipos Francisco e Clara, aguardando o momento de desvelar-se, assumindo o comando da jornada, a fim de que seja plena a existência corporal."

As palavras finais da mensagem são um convite permanente que merece ser aceito por todos os que se disponham a trazer consigo "o sinal do Cristo".

Busca Jesus sempre e Ele te dirá tudo quanto necessitas ouvir e realizar, se realmente te dispuseres a estar com Ele.
O sinal de que Ele está contigo é a claridade interior que te tomará, a alegria de viver e de amar, terminando por autoiluminar-te.

• • •

A CONSCIÊNCIA É, POIS, O INCOMENSURÁVEL REPOSITÓRIO DAS LEIS DIVINAS. A PARTIR DESSE MOMENTO, NÃO SEREMOS MAIS OS MESMOS, PORQUE JÁ SABEMOS.

AFERIÇÃO de VALORES

3

QUANDO SE LEEM AS PÁGINAS GLORIOSAS sobre as vidas dos mártires e dos heróis de todos os matizes, emoções superiores invadem os sentimentos humanos que se prometem renovação e conquista de harmonia.

A coragem desses apóstolos do amor e do sacrifício pessoal ultrapassava o habitual, proporcionando o entendimento em torno do auxílio espiritual que a vitalizava.

Transcendia, às vezes, à compreensão humana, em face da grandiosidade de que se revestia.

Mulheres e homens, adolescentes e anciãos, sadios e enfermos que tomaram conhecimento de Jesus e da Sua doutrina, através de informações daqueles que conviveram com Ele ou de outros missionários, eram dominados por tão peregrina força que nada os atemorizava, quando convidados ao sacrifício.

Avançavam para o testemunho com a alma em júbilo e cantavam hinos de exaltação e reconhecimento pela honra de dar-Lhe a existência.

Suplícios implacáveis, ameaças perversas e mortes tenebrosas eram-lhes impostos, sem que o temor os assustasse ou o desejo de fugir para prosseguir vivendo os atraísse...

Indubitavelmente, Jesus e os Seus mensageiros fortaleciam-nos nos momentos que antecediam ao martírio, logo os recebendo em júbilo além da esfera física.

Mudou a paisagem através dos tempos e os discípulos do Evangelho distraíram-se, afastaram-se do holocausto, da abnegação total e mesmo parcial. Para que não se apagassem na memória dos evos os exemplos sublimes, periodicamente renasceram na Terra os Seus amorosos seguidores que clarearam as noites de perturbação e ignorância, trazendo-O de volta como luz inapagável.

Na atualidade, rica de pobreza moral, ornada de grandezas e de misérias, os sinceros discípulos de Jesus, com as nobres exceções conhecidas, apresentam-se assustados, queixosos, amarfanhados emocionalmente, sem disposição íntima para compreender o significado de fidelidade ao Evangelho.

O bafio pestífero do prazer anestesiante sedu-los e arrasta-os, embora os propósitos sinceros de permanecerem fiéis ao ideal.

Esta é a hora de demonstração viva da fé incomparável, que elucida quanto à necessidade de renunciar-se um pouco aos favores do mundo, a fim de fruir-se bênçãos em abundância.

Os Espíritos do Senhor convidam e advertem em momentosas comunicações mediúnicas, sustentando a coragem e o devotamento nos desfalecentes, a fim de alcançarem a reabilitação, a paz de consciência.

Indispensável fazer-se uma releitura das vidas incomparáveis dos apóstolos do Evangelho em todos os tempos, de modo a recompor-se condutas e vivências, aceitando os percalços, os desafios e os chamados infortúnios existenciais com alegria e paz interior.

A aferição dos valores espirituais mediante os testemunhos é inevitável, neste momento, qual ocorre em outras áreas da vivência humana.

Cristo é também evocação de cruz.

Abraçando-a, Francisco de Assis assemelhou-se a Cristo e, transformando-a em asas de sublimação, Cristo elevou Francisco à glória celestial.

EVOS
Perpetuação, duração desprovida de fim; eternidade, eviternidade.

AMARFANHADO
Comprimido, amarrotado; (fig.) maltratado, humilhado.

BAFIO
Cheiro desagradável, peculiar ao que é ou está úmido ou privado de renovação do ar; bolor, mofo.

AFERIÇÃO
O que resulta de uma comparação; avaliação.

Quando o desânimo se te insinue, em tentativa de dominar-te, vigia as *nascentes do coração* e robustece-te com a coragem de lutar.

Quando o sofrimento se te apresente sob qualquer forma, ora e alça-te além das fronteiras humanas, para que te renoves e superes a circunstância afligente que te leva à angústia.

Quando o cansaço envolver-te nas suas malhas asfixiantes, serve mais e perceberás que a mudança de área de trabalho facilitar-te-á a renovação íntima e o bem-estar.

Quando a maledicência e a calúnia tentarem envenenar-te as emoções nobres, silencia qualquer esclarecimento e o vento tempestuoso do mal passará sem produzir-te dano.

Quando a perseguição gratuita ameaçar-te as realizações enobrecedoras, recorda-te de Jesus, traído por um amigo, por outro negado, não uma, porém, três vezes, e prossegue integérrimo.

> **INTEGÉRRIMO**
> Extremamente íntegro; não tocado, não danificado; inteiro.

Quando te sentires em abandono, sorvendo a taça da solidão à borda do desespero, entrega-te ao Mestre e Ele te fará companhia, repletando-te de ternura e de paz.

Não receberás na Terra o salário do amor pela tua ação iluminativa, porque as *sombras* que dominam os arraiais humanos ainda impedem que tal aconteça.

Serás recompensado de maneira inimaginável depois de percorrido o caminho redentor, assinalado pelas pequenas vitórias sobre as paixões primárias que teimam em fustigar as emoções superiores.

Não te permitas as queixas nem as reclamações que explodem em cólera e combates infelizes.

Escolheste Jesus e não Pilatos ou Anás, ou Caifás, embora por algum tempo houvesses optado por Barrabás...

Esta é a tua oportunidade rica de conquistas, que solicitaste e te foi concedida.

Frui-a, a fim de permaneceres em equilíbrio e alegria em todas as circunstâncias do processo evolutivo.

•

Nunca te encontrarás a sós, sem o divino amparo nem o doce e seguro envolvimento do amor.

Se não o perceberes ante o trovejar das ocorrências em desalinho, prossegue fiel e duas mãos cariciosas te sustentarão enquanto a Sua dúlcida voz te dirá: – Eu estou aqui contigo, eu sou Jesus!

• •

Os padrões de Jesus

Jesus revolucionou os valores vigentes à época em que esteve na Terra, porém, continua a produzir o mesmo impacto ante os princípios que norteiam a sociedade terrena, no século XXI.

Na verdade, porém, observando-se mais acuradamente a conduta de grande parte da Humanidade, chega-se à conclusão de que a mudança de paradigmas não foi tão significativa quanto se poderia esperar após dois mil anos desde que Ele veio.

ACURADAMENTE
Marcado pelo cuidado, atenção, interesse.

Entretanto, pode-se imaginar que os ideais de beleza e de fraternidade são acalentados pela maioria dos habitantes do orbe terrestre, pois esses anseios são próprios do ser humano, dotado pelo Criador do impulso para o progresso em todos os seus níveis. Essa busca tem alavancado a vida, onde quer que se expresse, a fim de garantir à criatura condições de sobrevivência cada vez mais confortáveis e sofisticadas, graças às conquistas da Ciência, da Medicina, da Tecnologia, esta, hoje, avançando vertiginosamente, na ânsia humana de superação de si mesma, sem limites.

Na sua bela mensagem, Joanna de Ângelis traz à reflexão do leitor e da leitora, os valores que ressumam dos ensinos evangélicos e que prevaleciam entre os primeiros cristãos, mesmo em face da crua realidade do cotidiano, na qual imperavam o politeísmo romano e o domínio de César, como também se

ARROSTAR
Olhar(-se) de frente, encarar(-se) sem medo; defrontar(-se).

RUTILANTE
Que rutila; que fulgura ou resplandece com vivo esplendor; luzente, cintilante.

defrontavam, no dia a dia, com os preceitos judaicos cultivados com orgulho e prepotência. Arrostando tudo isso, os fiéis seguidores do Cristo não hesitavam em oferecer a própria vida como testemunho da fé lúcida e rutilante que lhes aquecia a alma.

Vale lembrar, nesse ensejo, que a mentora escreve do alto de seu profundo conhecimento com relação aos primeiros cristãos martirizados no circo, perante a multidão que aplaudia delirantemente, não perdendo de vista que ela esteve junto a eles, no sacrifício final.

A coragem desses apóstolos do amor e do sacrifício pessoal ultrapassava o habitual, proporcionando o entendimento em torno do auxílio espiritual que a vitalizava.

Transcendia, às vezes, à compreensão humana, em face da grandiosidade de que se revestia.

Façamos uma reflexão, necessária, para que em nosso coração se sobreponham os sentimentos mais nobres, para ressaltarmos, entre tantos, o exemplo memorável e, talvez, dos mais sofridos moralmente, o de Joana de Cusa.

CAMBIANTE
Nuança, matiz, alteração, transformação.

INTENDENTE
Que ou aquele que dirige ou administra alguma coisa.

A beleza e a profundidade do seu encontro com Jesus são narradas com todos os cambiantes da emoção, por Humberto de Campos, no livro *Boa Nova*.

Joana e seu esposo Cusa, intendente de Antipas, residiam em Cafarnaum, sendo ela uma das mulheres fiéis seguidoras de Jesus. Diante da intolerância do companheiro e das muitas dificuldades e padecimentos que sofria, ela procura o Mestre, que se encontrava em casa de Simão, e expôs seu sofrimento íntimo. Ouvindo-a com ternura, Ele a esclarece quanto a sua condição no lar, enfatizando que ela não se acharia ligada ao esposo se não houvesse uma razão justa; que deveria amá-lo, mesmo assim, cumprindo a vontade de Deus, conforme os preceitos do Evangelho; que ela deveria ser fiel a Deus, amando o esposo como se fosse seu filho e finaliza: *"com o material divino que o Céu colocou em tuas mãos para que talhes uma obra de vida, sabedoria e amor!... – Vai, filha!... Sê fiel!*

Joana experimenta brando alívio no coração, a partir do sublime encontro com Jesus, como se o ensinamento recebido ficasse indelevelmente gravado em sua alma. Sua conduta no lar expressava o conselho que recebera, vivendo-o a cada dia. Mais tarde, tornou-se mãe e nos anos subsequentes perseguições políticas afastaram Cusa de seu posto. Este, revoltado e com sua vaidade ferida, inclusive, com muitas dívidas, enfermou e mais adiante voltou ao plano espiritual. Joana passa por muitos anos de extremas dificuldades, submetendo-se a humildes trabalhos domésticos para manter o filho. Idosa, transfere-se com ele, agora adulto, para Roma.

No ano 68, quando intensas eram as perseguições ao Cristianismo, ela e o filho estavam entre os que seriam sacrificados no circo Máximo.

Convém registrar que uma década antes disso, no ano 58, no mesmo circo, encontra-se Lívia, esposa do senador Públio Lêntulus, e na hediondez de um espetáculo semelhante, a nobre patrícia romana encontra a morte sob as bocarras dos leões esfaimados.

Lívia e Joana! Ambas fortalecidas por uma fé inquebrantável, enfrentam o martírio a fim de provar ao mundo que Jesus é a Verdade e a Vida em plenitude.

Entretanto, Joana, com os cabelos encanecidos, vê ao seu lado o filho amado a lhe pedir que abjure. Dor maior do que esta talvez não se encontre nos fastos dos tempos. Só outra mãe pode entender o que se passa no coração materno na emoção de algo inimaginável.

O pensamento de Joana, porém, nesse instante decisivo, qual relâmpago vertiginoso, traz-lhe à memória a singular

ENCANECER
Embranquecer (os cabelos) gradativamente.

ABJURAR
Renunciar a crença religiosa, renegar, abandonar.

FASTOS
Registros públicos de acontecimentos, anais.

situação de outra mãe, que tem diante de si o próprio filho pregado a uma cruz, tendo a impressão de que o tempo deixara de existir, tanto quanto tudo à sua volta e, em meio às lágrimas mais sofridas que se possam conceber, a escorrerem lentamente por suas faces, entrega-O ao Pai do Céu, que Ele lhe ensinara a conhecê-lO e a amá-lO.

Joana olha para o filho. Ela o relembra, pequenino e indefeso nos seus braços, tanto quanto está ali naquele momento crucial, dependendo ainda de sua doação de amor. Mas Joana tem forças inauditas e sobrepõe ao seu amor de mãe a sua entrega total ao Cristo, por saber que quaisquer outros sentimentos defluem desse ágape supremo e sagrado, e, é com essa força que ouvindo a súplica do filho, descortina a visão espiritual na compreensão de que a veste física é efêmera e transitória, pois que há "corpos celestes" indestrutíveis, que o Pai concede a todos os Seus filhos. Em meio ao caos e tumulto do vozerio da multidão, o jovem ouve a voz materna, como se ressoasse nas profundezas abissais de sua alma a lhe ensinar:

— *"Cala-te, meu filho! Jesus era puro e não desdenhou o sacrifício. Saibamos sofrer na hora dolorosa, porque acima de todas as felicidades transitórias do mundo, é preciso ser fiel a Deus."*

Em meio às chamas ela ainda encontra forças para responder aos verdugos que zombavam de sua condição:

"– O teu Cristo soube apenas ensinar-te a morrer? – perguntou um deles.
– Não apenas a morrer, mas também a vos amar!"
Nesse instante – finaliza Humberto de Campos – Joana sente *"que a mão consoladora do Mestre lhe tocava suavemente os ombros, e lhe escutou a voz carinhosa inesquecível:*
– Joana, tem bom ânimo!... Eu aqui estou!...

A distância do tempo a se perder na névoa do esquecimento, Joana de Cusa ressurge, na figura de Joanna de Ângelis, que escreve com as tintas fortes de suas aquisições morais, como quem vive desde sempre para Jesus, observando nos dias atuais a conduta dos seguidores do Mestre.

"Esta é a hora de demonstração viva da fé incomparável, que elucida quanto à necessidade de renunciar-se um pouco aos favores do mundo, a fim de fruir-se bênçãos em abundância."

Segundo a mentora, as seduções do mundo moderno, qual "bafio anestesiante", fascinam e envolvem os seguidores que, embora sinceros, porém invigilantes, deixam-se enredar. Não mais as feras nem os postes onde eram queimados os cristãos, mas a arena talvez esteja dentro de cada um, exigindo testemunhos daqueles que são capazes de resistir e prosseguir, pois é mais fácil e prazeroso atender aos apelos sedutores e deixar-se levar para lugar nenhum.

Adverte o Espírito de Verdade, conforme assinala *O Evangelho segundo o Espiritismo* (FEB, 2004, 2ª ed.), quando se refere aos novos obreiros do Senhor:

"Aproxima-se o tempo em que se cumprirão as coisas anunciadas para a transformação da Humanidade. Ditosos serão os que houverem trabalhado no campo do Senhor, com desinteresse e sem outro móvel, senão a caridade! Seus dias de trabalho serão pagos pelo cêntuplo do que tiverem esperado."
(KARDEC, Allan. *O Evangelho segundo o Espiritismo*. FEB, Brasília, 2013 – Cap. XX, item 5.)

Somos os trabalhadores da Nova Era e é imprescindível que tenhamos a consciência de nossa responsabilidade. Vivemos hoje os dias da transformação da Humanidade. Transformação esta que não se faz sem esforço, renúncia e sacrifício, que somados são as dores do parto para dar "nascimento" ao Espírito imortal, emboscado até então no egoísmo que vicejava prioritariamente e que passa a ter as rédeas de sua própria vida, agora desperto para a realidade espiritual.

RÉDEA
Ato ou efeito de comandar; controle, governo, comando.

"A aferição dos valores espirituais mediante os testemunhos é inevitável, neste momento, qual ocorre em outras áreas da vivência humana.
Cristo é também evocação de cruz."

Joanna refere-se à **aferição de valores** – oportuno citar que aferir significa avaliar, comparar, julgar; valores são normas, princípios, padrões sociais aceitos por um indivíduo, classe ou sociedade. Importa fazer uma reflexão em torno dos **padrões de Jesus,** em pleno século XXI, para não esquecer que estes ressumam de toda a mensagem que Ele legou à Humanidade. Quão difícil, todavia, parece ser uma vivência assim tão elevada nestes tempos demasiadamente pragmáticos, materializados, apressados, quando todos correm afobados, vão aos templos aos milhares ou milhões pelo mundo afora buscando a melhoria de suas finanças ou a cura disso ou daquilo, embora longe de tudo o que se refere ao Cristo, enquanto outros, aos bilhões nem O conhecem ou O desdenham, apegados a um Deus ainda cruel e sanguinário.

Então Joanna fala ao coração de quem está lendo, citando: desânimo, sofrimento, cansaço, maledicência, perseguição, abandono; enfim, todas as aflições e tormentos no dia a dia de cada ser humano que encontra aconchego e amparo no amor do Mestre, conforme registra:

"Não receberás na Terra o salário do amor pela tua ação iluminativa, porque as sombras que dominam os arraiais humanos ainda impedem que tal aconteça.

Serás recompensado de maneira inimaginável depois de percorrido o caminho redentor, assinalado pelas pequenas vitórias sobre as paixões primárias que teimam em fustigar as emoções superiores."

Em suas palavras finais, ela afirma:

"Se não O perceberes ante o trovejar das ocorrências em desalinho, prossegue fiel e duas mãos cariciosas te sustentarão enquanto a Sua dúlcida voz te dirá: – **Eu estou aqui contigo, eu sou Jesus!**"

• • •

APROXIMA–SE O TEMPO EM QUE SE CUMPRIRÃO AS COISAS ANUNCIADAS PARA A TRANSFORMAÇÃO DA HUMANIDADE. DITOSOS SERÃO OS QUE HOUVEREM TRABALHADO NO CAMPO DO SENHOR, COM DESINTERESSE E SEM OUTRO MÓVEL, SENÃO A CARIDADE! SEUS DIAS DE TRABALHO SERÃO PAGOS PELO CÊNTUPLO DO QUE TIVEREM ESPERADO." (CAP. XX IT.5)

AMA a TUA DOR

4

PARADOXALMENTE ANELAVAS PELA PAZ, QUANDO edificando o Bem entre as criaturas humanas, e és defrontado pela incompreensão e o repúdio.

Sentes desencanto ao constatares que os sagrados misteres a que te entregas são recebidos com acrimônias e suspeitas.

Desanimam-te os comportamentos daqueles nos quais confias na grei onde mourejas, produzindo amarguras e mal--estares.

Entristece-te a maneira como te tratam os amigos da seara em que te movimentas, desconfiados em relação à tua entrega.

Constatas insanas competições em que deveriam multiplicar-se as cooperações, como se o labor pertencesse a cada um e a seara estivesse destituída de administrador e abandonada pelo Senhor.

Sentes cansaço e não consegues renovação íntima, em face da ausência de tempo hábil para a reflexão.

Pensavas que os corações afetuosos que sorriem contigo permanecessem acessíveis ao teu nos momentos difíceis, constatando, porém, que o *ego* neles predomina, em relação ao coletivo no grupo em que te fixas.

Ocorrem-te a desistência e o retorno às tuas origens, porque o paraíso que acreditavas estar ao teu alcance, na convivência com os demais servidores, é somente uma aparência com os

ACRIMÔNIA
Azedume; acridez; indelicadeza; severidade.

GREI
Partido; sociedade; grêmio; classe.

MOUREJAR
Trabalhar muito; afainar-se.

mesmos desvãos que encontravas no anterior convívio social por onde te movimentavas.

Sofres, porque anseias pela harmonia e acalentas o sonho da plena solidariedade, que se te apresenta muito distante...

Não te esqueças, porém, que os santos e serafins transitaram também no corpo e alcançaram esse nível de evolução porque enfrentaram equivalentes ou mais ásperas refregas.

REFREGAR
Combate entre forças ou indivíduos inimigos entre si; luta, confronto.

Ninguém atinge o altiplano sem a caminhada pelas baixadas sombrias e difíceis de acesso.

Revigora-te na luta, sendo tolerante para com todos e exigente para contigo mesmo.

O Reino dos Céus é construído com os materiais da renúncia e da compaixão, da bondade e da comiseração sob o patrocínio do amor.

COMISERAÇÃO
Sentimento de piedade pela infelicidade de outrem; compaixão, miseração.

Repara a Natureza sacudida frequentemente pelos fenômenos destrutivos que a visitam, permitindo-lhe, logo depois, renovação, exuberância e beleza na produção dos tesouros da vida.

De igual maneira ocorre na floresta humana.

Não te desencantes, pois, com os outros que, por sua vez, também se permitem frustrações em relação a ti.

Se amas Jesus, e o teu objetivo é servi-lO, avança contente, conforme o fez o *Irmão Alegria*.

•

Ama a tua dor.

No momento em que o teu amor seja capaz de superar o sofrimento, sem rebeldia nem queixa, terás alcançado a meta que buscas.

ANFRACTUOSIDADE
Sinuosidade, saliência, irregularidade do solo; (fig.) devaneio, prolixidade, divagação tortuosa ou tediosa.

A dor é um buril lapidador das anfractuosidades dos *minerais duros dos vícios* e dos arraigados hábitos infelizes.

Quem não enfrenta com harmonia interior os desafios da evolução, acautelando-se do sofrimento, permanece em lamentável estagnação que o conduz à paralisia emocional em relação ao crescimento interior.

Os caminhos do Gólgota, assim como os da Úmbria, ainda permanecem em sombras por cima e espinhos no seu leito, exigindo coragem e abnegação para ser percorridos com júbilo.

Vencê-los é o dever que a fé racional te impõe, a serviço de Jesus, a Quem amas.

Se almejas alegria e bem-estar nos moldes profanos, estás em outro campo de ação, mas se buscas o serviço com o Mestre de Nazaré, os teus são júbilos profundos e emoções superiores bem diferentes dos habituais.

Não relaciones, pois, remoques e erros, antes aprende a retirar o melhor, aquela parte boa que existe em todos os seres humanos e enriquece-te com esses valores, sem te preocupares com a outra parte, a enferma ainda não recuperada pelas dádivas da saúde espiritual...

> **REMOQUE**
> Dito picante, insinuação maliciosa, zombaria.

Tem mais paciência e aprende a compreender em vez de censurar e exigir. Cada qual consegue fazer somente o que lhe está ao alcance, não dispondo de recursos para autossuperar-se no momento.

Jesus, Modelo e Guia da Humanidade, conviveu com mulheres e homens bem semelhantes àqueles com os quais hoje partilhas a convivência, em labuta ao teu lado, suportando-se reciprocamente e dedicados ao amor.

Se, por acaso, sentes a sutil visita da intriga, da acusação e de outras mazelas que atormentam a sociedade, acautela-te, não lhes concedas guarida nem atenção, ignora-as e segue, irretocável, adiante.

Melhor estares na luta de sublimação, do que no leito da recuperação sob o impositivo de limites e restrições impostos pelo processo de crescimento para Deus e para ti mesmo.

JOANNA DE ÂNGELIS

Em qualquer situação, alegra-te por te encontrares reencarnado, portanto, no roteiro da autoiluminação.

Ama a tua dor e ela se te tornará amena, amiga, gentil companheira da existência. E enquanto amas, trabalha pelo Bem, compensa-te com as bênçãos dos resultados opimos que ofereças ao Senhor, que transitou por sendas idênticas e mais dolorosas que essas por onde segues.

Assim, continua em paz, viandante das estrelas que te aguardam no zimbório celeste.

OPIMO
Excelente, fértil, de grande valor, fecundo, rico.

ZIMBÓRIO
Cúpula, domo, o céu, a abóbada celeste.

•

Francisco de Assis amava as suas dores e transcendeu todos os limites e conseguiu demarcar os fastos históricos com a renúncia, a simplicidade e as canções de inefável alegria.

E Clara, que lhe seguia o exemplo sublime, impôs-se a dedicação integral, a fim de que, ao partir da Terra, se encontrasse aureolada pelo sofrimento no qual alcançou a plenitude.

De tua parte, ama também a tua dor e experimentarás incomparável bem-estar.

• •

O passaporte definitivo

O ser humano é o mesmo onde quer que se encontre.

Nos círculos de fé, nas manifestações do sagrado, nas orações entre as naves dos templos ou nas paisagens do mundo, nas práticas ancestrais hoje atualizadas, transita a criatura deixando transparecer a ganga de inferioridade que ressuma nos seus atos quando do convívio com o próximo, que ainda não aprendeu a amar, porquanto não tem ainda nem intimidade consigo mesmo.

A benfeitora Joanna de Ângelis traça, com seu proverbial conhecimento, as expansões da personalidade humana, que provocam decepções, que *matam* o entusiasmo dos iniciantes e afastam, não raro, os mais experientes.

Propõe-nos, assim, pensar na construção do Reino dos Céus.

O Reino dos Céus! O Reino de Deus! Um dos temas frequentemente mencionados por Jesus em Suas pregações. Esse Reino misterioso, oculto, que não está em lugar algum, mas, quem sabe, talvez, em toda parte. Jesus, todavia, lecionando, aclara e revela, em certo momento, que o Reino está dentro de cada um de nós. (Lucas, 17: 20-21.)

Milênios transcorreram então.

Quão pouca importância foi dada a essa magnífica lição.

Lentamente o ser humano foi despertando e, em sua busca desenfreada, de achar qualquer coisa que lhe torne compreensível a dramática questão da dor, esbarra na inevitável pergunta que faz a si mesmo: afinal, qual o sentido da vida?

Eis que a Doutrina dos Espíritos, trazendo Jesus de volta, relembra e interpreta as Suas palavras, em consonância com a Lei Divina, conforme a questão 621 de *O Livro dos Espíritos* (FEB, 2006, edição comemorativa do Sesquicentenário), evidenciando que o Reino está na consciência do ser humano, visto que aí, nesse fulcro inextrincável, "está escrita a Lei de Deus".

INEXTRINCÁVEL
Que não se pode dissociar ou desembaraçar; indestrinçável.

Joanna de Ângelis, reportando-se aos sofrimentos inevitáveis na caminhada evolutiva, afirma, a certa altura:

"O Reino dos Céus é construído com os materiais da renúncia e da compaixão, da bondade e da comiseração sob o patrocínio do amor.

Repara a Natureza sacudida frequentemente pelos fenômenos destrutivos que a visitam, permitindo-lhe, logo depois, renovação, exuberância e beleza na produção dos tesouros da vida.

De igual maneira ocorre na floresta humana."

Allan Kardec registra em *O Evangelho segundo o Espiritismo* (FEB, 2004, 2ª ed. especial), no capítulo seis, item 6, intitulado *O Cristo Consolador*, as Instruções do Espírito de Verdade, dentre as quais destaco:

"Venho instruir e consolar os pobres deserdados. Venho dizer-lhes que elevem a sua resignação ao nível de suas provas, que chorem, porquanto a dor foi sagrada no Jardim das Oliveiras; mas que esperem, pois que também a eles os anjos consoladores lhes virão enxugar as lágrimas.(...)

(...) Bebei na fonte viva do amor e preparai-vos, cativos da vida, a lançar-vos um dia, livres e alegres, no seio d'Aquele que vos criou fracos para vos tornar perfectíveis e que quer modeleis vós mesmos a vossa maleável argila, a fim de serdes os artífices da vossa imortalidade."

A dor, desde os tempos imemoriais, atemoriza as criaturas, que tudo fazem para fugir à sua visita, que, no entanto, ressurge a cada novo corpo, como se fosse penitente e imortal fantasma.

Léon Denis, em *O problema do ser, do destino e da dor*, (FEB, 1977) descreve a trajetória humana em relação à dor:

"A dor segue todos os nossos passos; espreita-nos em todas as voltas do caminho. E, diante desta esfinge que o fita com seu olhar estranho, o homem faz a eterna pergunta: Por que existe a dor?"

O próprio Denis responde:

"Fundamentalmente considerada, a dor é uma lei de equilíbrio e educação." (Terceira parte, cap. 26.)

Joanna de Ângelis, por sua vez, tem ocasião de esclarecer, magistralmente, (na obra *No limiar do infinito*, LEAL, 1977) afirmando que o Espírito, em seu livre-arbítrio, faz suas escolhas, sendo que ele próprio programa a presença da dor ou do amor, o que resulta na irreversível colheita.

"Se expulsa o amor das paisagens interiores, ei-la (a dor) a acolher-se discreta; o homem a recolhe sem o perceber, porquanto **quando o amor se ausenta, a dor se instala**. (Grifos nossos, cap. 7.)

Entretanto, não é fácil que os indivíduos compreendam-na como um processo benéfico, de crescimento moral e espiritual.

Ante o trabalhador do bem, que anseia por enfrentar o desafio de vencer a si mesmo, superando as circunstâncias que o cercam, que deseja manter-se fiel e probo, a autora espiritual

PROBO
De caráter íntegro; honrado, honesto, reto.

abre um horizonte tão vasto e belo que o faz sentir-se plenamente identificado com a possibilidade de um porvir do qual será o autor e o protagonista.

O foco é Jesus e a Lei de amor que Ele legou à Humanidade.

Ama a tua dor – conclama Joanna.

Os mártires, no circo, cantando hinos de hosanas ao Senhor da Vida, amavam a dor que lhes expungia a veste carnal, porque através dela evidenciavam a sua total entrega a Jesus.

No magnífico livro *Há dois mil anos* (FEB, 2010, 48ª ed.), Emmanuel narra com superior emoção o martírio de Lívia, esposa do senador Públio Lêntulus, fiel seguidora de Jesus que, juntamente com grande grupo de cristãos, é levada à prisão a fim de que todos fossem sacrificados no circo Máximo, dizimados pelos leões esfaimados, perante a multidão que aplaudia freneticamente, afeita àqueles terríveis espetáculos. Todavia, cercando os mártires, luminosa falange de Espíritos se fazia presente, suavizando-lhes as dores momentâneas, para em seguida encaminhá-los aos páramos da Espiritualidade. Já refeitos e emocionados, os cristãos recebem a visita do próprio Mestre, que lhes dirige Sua excelsa palavra, saudando-os e fazendo, ao mesmo tempo, uma augusta profecia. Vale reproduzir, na sequência, um pequeno e belíssimo trecho desse discurso:

> *"Em nome de Deus Todo-Poderoso, meu Pai e vosso Pai, regozijo-me aqui convosco, pelos galardões espirituais que conquistastes no meu reino de paz, com os vossos sacrifícios abençoados e com as vossas renúncias purificadoras! Numerosos missionários da minha doutrina ainda tombarão, exânimes, na arena da impiedade, mas hão de constituir convosco a caravana apostólica, que nunca mais se dissolverá, amparando todos os trabalhadores*

FALANGE
Agrupamento; legião, multidão.

PÁRAMO
(Fig.) Abóbada celeste, céu, firmamento, ponto mais alto.

AUGUSTO
Magnífico; reverência; venerável; sagrado;

EXÂNIME
Desmaiado; desfalecido.

que perseverarem até o fim, no longo caminho da salvação das almas!..."

O Espiritismo proporciona à Humanidade o conhecimento dos fastos históricos em sua realidade transcendente, através da mediunidade, como na obra acima citada, psicografada pelo querido e saudoso médium Francisco Cândido Xavier, de autoria do Espírito Emmanuel, que narra a sua própria história, quando na encarnação do senador Públio Lêntulos.

Através do querido médium Divaldo Franco, ouvi a narrativa relacionada com o nobre Espírito Inácio de Antioquia que, na infância, foi uma das crianças que Jesus colocou em Seu colo, na formosa passagem do "Deixai vir a mim as criancinhas...". Vejamos em síntese este relato, com nossas próprias palavras:

Rezam as tradições evangélicas que Inácio de Antioquia ao ser poupado pelas feras que dizimaram centenas de corpos, estraçalhando-os, estas deitaram-se aos seus pés, e ele, diante da inusitada realidade perguntou ao anjo (Espírito de luz) que lhe apareceu o motivo pelo qual havia sido poupado, ele que dedicara sua vida ao Mestre amado, supondo que não fora considerado digno do martírio para provar sua fidelidade. Também ele ansiava para dar o testemunho supremo. O anjo, entretanto, respondeu-lhe que o Mestre desejava para ele um testemunho bem maior, pois ao ser poupado teria que evidenciar seu amor pleno todos os dias de sua vida, e nisso estaria a sua entrega, como exemplo para todos que dele se acercassem. Tendo merecido a absolvição, conforme era a regra do circo, foi libertado. Mas os companheiros, os cristãos que conseguiram escapar da terrível perseguição, de imediato, voltaram-lhe as costas, afirmando que ele recebera a liberdade porque havia traído Jesus, abjurando.

ABJURAR
Renunciar pública
e/ou solenemente a
(crença religiosa)

Ama a tua dor.

Como Inácio de Antioquia, como Lívia e os mártires, como Paulo de Tarso, como Francisco e Clara de Assis, como Joana D'Arc, que longe das glórias do mundo pontificaram, nos seus exemplos de vida, o que o próprio Paulo escreve, na II epístola aos Coríntios (1:12):

"Porque a nossa glória é esta: o testemunho de nossa consciência."

Emmanuel, ao comentar o versículo acima, discorre com muita beleza:

"Num plano onde campeiam tantas glórias fáceis, a do cristão é mais profunda, mais difícil. A vitória do seguidor de Jesus é quase sempre no lado inverso dos triunfos mundanos. É o lado oculto. Raros conseguem vê-lo com os olhos mortais.

Entretanto, essa glória é tão grande que o mundo não a proporciona, nem pode subtraí-la. É o testemunho da consciência própria, transformada em tabernáculo do Cristo vivo.

No instante divino dessa glorificação, deslumbra-se a alma ante as perspectivas do Infinito. É que algo de estranho aconteceu aí dentro, na cripta misteriosa do coração: o filho achou seu Pai em plena eternidade." (Caminho, Verdade e Vida, FEB 2007, 28ª ed., cap. 119.)

A benfeitora, portanto, adverte quanto às dificuldades e sofrimentos que fazem parte dessa mudança, das sombras da noite para as claridades do amanhecer. Ninguém faz incólume essa travessia.

INCÓLUME
Sem lesão ou ferimento; livre de dano ou perigo; são e salvo; intato, ileso.

Ela ensina:

"Não será, certamente, uma incursão ao reino da fantasia ou um passeio gentil pelos arredores da catedral da fé. Antes, é uma realização em que nos liberaremos das injunções cármicas

infelizes, adquirindo asas para maiores voos na direção dos inefá-veis Cimos da Vida." (FRANCO, Divaldo; ÂNGELIS, Joanna de [Espí-rito]. *Após a tempestade.* LEAL, 1974, cap. 24.)

É bem verdade que agora, enquanto é hoje, queremos alçar o voo decisivo para "os Cimos da Vida", e para tal come-timento, a dor – no seu processo educativo – contribui para que consigamos o passaporte definitivo, inevitável e benfazejo que nos permitirá atravessarmos a fronteira da Nova Era, como cidadãos desse novo tempo.

Concluindo, a autora espiritual, numa formosa expres-são, conclama cada um, como viandante das estrelas, a adqui-rir o passaporte definitivo:

"Ama a tua dor e ela se te tornará amena, amiga, gentil companheira da existência. E enquanto amas, trabalha pelo Bem, compensa-te com as bênçãos dos resultados opimos que ofereças ao Senhor, que transitou por sendas idênticas e mais dolorosas que essas por onde segues.

Assim, continua em paz, viandante das estrelas que te aguardam no zimbório celeste".

· · ·

O FOCO É JESUS E A LEI DE AMOR QUE ELE LEGOU À HUMANIDADE.

AMOR e SAÚDE

5

A EXCELÊNCIA DO AMOR É A BASE DE SEGU-rança para uma existência feliz.

Somente através do amor consegue o Espírito a sua plenitude na vilegiatura carnal.

Desenvolver esse nobre sentimento é tarefa a que se deve dedicar até o sacrifício todo aquele que aspira pela autoconquista, pelo Reino dos Céus no coração e na mente.

Inicialmente se expressa como instinto de reprodução nas fases primárias do processo de evolução. A partir daí, ei-lo em forma de libido que o conhecimento moral irá transformando em fraternidade, embora permaneça nas suas raízes para o mister sublime da procriação.

Quando atinge o patamar da paixão superada e se alcandora de ternura, responde pelo bem-estar e harmonia que tomam conta do ser. Enquanto se mantém como força de prazer e de interesse imediatista, é responsável por males incontáveis que afetam a saúde, e dá lugar a somatizações lamentáveis.

Necessário aprender-se a amar, para evitar-se que as paixões do desejo assumam o comando das emoções e o transformem em morbidez.

Em alguns casos em que a pessoa foi vítima de repressões e de outras contingências castradoras, apresenta-se possessivo ou disfarça-se em ternura asfixiante que leva a resultados nefastos.

> **VILEGIATURA**
> Temporada que se passa fora da zona de habitação habitual; temporada de recreio, férias.

> **ALCANDORA**
> Do verbo alcandorar-se; situar-se no alto, elevar-se; ascender.

> **SOMATIZAÇÃO**
> Ato ou efeito de somatizar; transformar (conflitos psíquicos) em afecções de órgãos ou em problemas psicossomáticos.

> **NEFASTO**
> Desfavorável, nocivo, prejudicial.

Quando experiencia a solidão e encontra outrem que inspira desejo, o indivíduo não amadurecido psicologicamente idolatra-o, deixa-se arrebatar por qualidades que lhe são atribuídas, mas que, em verdade, não possui. Tenta fruir ao máximo do relacionamento direto ou não, enquanto experimenta emoções desencontradas de admiração e inveja, de domínio e de competição. Surgem, lentamente, o medo da perda, o receio de sofrer-lhe o abandono e começa a entrar em choque e a assumir comportamentos de exigências descabidas.

Podem ocorrer, nessa fase, os terríveis crimes passionais derivados do ciúme injustificável ou da cólera súbita por qualquer mínima contrariedade...

Quando se trata de ases e campeões de qualquer teor, a inveja da sua glória a quem não pode dominar, arma o ser imaturo de conflitos mediante os quais demonstra inconscientemente que o outro é tão humano que, na condição de mortal, pode ser eliminado. E mata-o!

O combustível de manutenção do amor é o respeito pelo outro, o que proporciona bem-estar na relação, aumenta o prazer na convivência e alegria pelo seu progresso e conquistas.

Não aguarda retribuição, nem compete. Porque não se sente solitário, seus valores são oferecidos ao outro de maneira espontânea e confortadora.

APRAZÍVEL
Que apraz, que causa prazer; agradável.

Com o hábito de superar os impositivos egoicos, nada exigindo, torna-se um centro de irradiação de emoções aprazíveis que a todos felicita.

A vivência do amor é dificultada pelo *ego* ainda primitivo, que sempre espera fruir, beneficiar-se, utilizando-se dos demais, quando, tocado pela sublime chama, faz-se doador com a capacidade de ajudar e fazer felizes todos aqueles que se lhe acercam.

A sua vibração harmônica faz-se tão benéfica e cativante que se doa em clima de paz.

O amor é a alma do universo.

•

Distúrbios de variada nomenclatura têm raízes na ausência do amor, nos seus antípodas, quais o ressentimento, o rancor, a indiferença, o ódio.

O amor estimula a produção de endorfinas, de leucinas, de imunoglobulinas e outras substâncias geradoras de saúde, enquanto as irradiações que se lhe opõem produzem reações semelhantes a descargas de elétrons destrutivos que perturbam o equilíbrio psicofísico e propiciam campo para a instalação de doenças, contágios de micróbios nefastos...

Grande número de transtornos neuróticos se origina no ressumar de pensamentos avaros e egoístas, que desenvolvem *vibriões energéticos* que desarmonizam a mitose celular e as neurocomunicações.

Nada que se equipare na área das emoções à contribuição vital do amor em qualquer forma como se apresente: maternal, filial, paternal, familiar, religioso, social, humanitário, espiritual...

Encontram-se, não poucas vezes, apóstolos do amor excruciados por enfermidades dilaceradoras, por dores vigorosas, que poderiam negar a tese de que ele é produtor de saúde...

Sucede que, nesses casos, deve-se considerar que o missionário elege o sofrimento em resgate de antigas dívidas morais perante as Leis Soberanas ou esse resgate tem por objetivo demonstrar que nele o sofrimento não é imposto, mas solicitado para ensinar à Humanidade devedora resignação, desprendimento e coragem moral.

A bênção do amor transforma pigmeus em verdadeiros gigantes e são esses que se fazem estímulo e força para a edificação da sociedade feliz.

ANTÍPODA
Que ou o que se situa em lugar diametralmente oposto; que tem características opostas.

RESSUMAR
Ressudar, gotejar, verter, destilar.

Quando se ama, alcança-se superior patamar do processo evolutivo e faculta-se a oportunidade de autoiluminação.

O amor é o embaixador vibratório de Deus para que a fé, a esperança e a caridade transformem as pessoas e o mundo, inaugurando na Terra o período de paz que todos anelam.

Ama e burila-te.

BURILAR
Tornar mais apurado; aprimorar, aperfeiçoar.

Vence os impulsos servis das paixões asselvajadas e das heranças primárias por intermédio da disciplina da mente, dos pensamentos sensuais que deves converter em idealismo e realização enobrecedora.

Renasceste para alcançar a superior conquista do amor sem jaça.

JAÇA
Imperfeição (mancha ou falha) na estrutura física de uma pedra preciosa.

Não postergues o momento de alcançar essa honrosa meta.

•

Jesus viveu o amor de tal maneira e com tão significativa profundidade, que o Seu exemplo tem estimulado legiões de missionários espirituais a vestirem a indumentária carnal para imitá-lO e ajudarem os renitentes no egoísmo e nas dissipações vergonhosas.

RENITENTE
Que ou aquele que renite, que teima ou não se conforma; obstinado, pertinaz, inconformado.

Ama sem nenhuma exigência e torna-te fonte inexaurível de bondade, acendendo luzes na escuridão enquanto distribuis paz e misericórdia a toda aflição.

• •

O fascínio do amor

"*E o ponto delicado do sentimento é o amor, não o amor no sentido vulgar do termo, mas esse sol interior que condensa e reúne em seu ardente foco todas as aspirações e todas as revelações sobre-humanas.*"

Este trecho da bela mensagem de Lázaro (*O Evangelho segundo o Espiritismo*, FEB, 2004, cap. XI, it.8) a mim me fascina. Fico a imaginar a repercussão vibratória no mundo espiritual e mesmo no mundo físico quando Ele estava na Terra, como o **amor que se corporificou** para ensiná-lo às criaturas. Certamente, toda a psicosfera terrena se inundou de beleza, de cores de suavíssimos cambiantes a se disseminarem por todos os recantos deste mundo, qual gigantesco arco-íris que se espraiou para felicitar a Humanidade.

A Sua voz ressoava pelos campos do infinito e Suas palavras alcançavam distâncias inimagináveis, porque o Amor entoava uma sublime melodia universal. Todos os povos da Terra receberam o divino chamado, e cada qual o traduziu de maneira diferente.

Era Jesus, o Governador espiritual do planeta, da nossa galáxia, o Mestre por excelência, o Médico das almas, que veio ensinar às criaturas como alcançar a cura perene das mazelas morais que nos são inerentes.

Sabemos que Jesus nunca enfermou, conforme ressalta, em outros momentos, a sábia palavra de Joanna de Ângelis, que Divaldo Franco interpreta com fidelidade.

Nesta mensagem, a mentora nos traz um importante ensinamento. Observemos como a inicia.

"A excelência do amor é a base de segurança para uma existência feliz.

Somente através do amor consegue o Espírito a sua plenitude na vilegiatura carnal.

Desenvolver esse nobre sentimento é tarefa a que se deve dedicar até o sacrifício todo aquele que aspira pela autoconquista, pelo Reino dos Céus no coração e na mente."

Com esta afirmativa ela evidencia que o amor em plenitude proporciona a saúde integral, a se manifestar no Espírito como conquista íntima do processo evolutivo. Longa é a caminhada que estamos encetando e não há tempo determinado para que esse ou aquele ser humano alcance patamares mais elevados, visto que o aprendizado não cessa e depende de cada um aproveitá-lo.

Adverte a autora espiritual, tocando no ponto essencial das sutilezas do amor:

"Necessário aprender-se a amar, para evitar-se que as paixões do desejo assumam o comando das emoções e o transformem em morbidez."

É imprescindível reconhecer que ainda não sabemos amar, sendo, portanto, muito oportunas as diversas abordagens que Joanna de Ângelis apresenta em suas obras acerca desse excelso sentimento que é o amor, ressaltando as suas variações de intensidade que podem decorrer dessa caminhada em direção ao "perfeito amor" (I Jo, 4:18).

Recordo a afirmativa do apóstolo João, nesse versículo citado, quando ensina:

"O perfeito amor lança fora o temor", que Emmanuel, comentando no livro *Palavras de vida eterna* (CEC, 1964, 1ª ed., cap. 4), assinala:

> *"É necessário rendamos culto ao perfeito amor que tudo ilumina e a todos se estende sem distinção. (...)*
>
> *O perfeito amor, contudo, compreende que o Pai Celeste traçou caminhos infinitos para a evolução e aprimoramento das almas, que a felicidade não é a mesma para todos e que amar significa entender e ajudar, abençoar e sustentar sempre os corações queridos, no degrau de luta que lhes é próprio".*

A conclusão, portanto, é de que estamos no degrau do imperfeito amor, visto que ainda cobramos daqueles a quem dizemos amar a reciprocidade de sentimento no mesmo padrão que imaginamos ser o nosso. Equivocamo-nos quando denominamos de amor o que não passa de paixão, de ideia de posse do outro, desejando que aja segundo nossa vontade. Como é óbvio, essas uniões não são duradouras, por estar alicerçadas em sentimentos fugazes, quase sempre desequilibrados.

Às vezes, pergunto-me o motivo pelo qual não aprendemos com Jesus, o Mestre dos mestres, as Suas lições sublimes, que Ele transmite na simplicidade dos temas mais complexos, visando a colocá-los ao alcance de todos e, ao mesmo tempo exemplificando a cada passo, a fim de marcar a Sua trajetória para todo o sempre.

Por que ainda temos tantos conflitos, muitos desses, graves, patológicos? Por que a afoiteza de usufruir os prazeres sensuais, esquecidos da transitoriedade da vida terrena? Por que desperdiçamos o tempo com as enganosas fantasias de que devemos aproveitar ao máximo as ilusões mundanas? As respos-

AFOITEZA
Qualidade de afoito; coragem, atrevimento, afoitamento.

tas não são difíceis, quando olhamos, à luz do Espiritismo, os desacertos que cometemos, enquanto seres humanos, pois impera em cada um o atavismo dos muitos *ontens* que já vivemos. São como fantasmas insepultos que nos atormentam e, amedrontados, quantos não preferem o ostracismo a prosseguir enfrentando a própria realidade? Pessoas, entretanto, passam por sofrimentos os mais diversos, na infância ou quando adultos, que deixam sequelas profundas, resultando em certos desvios de conduta, em emoções exacerbadas e mórbidas, dando lugar a paixões possessivas, dominadoras, que, ao tempo em que idolatram o ser que é o foco desse sentimento doentio, diante da menor recusa deste se transformam em ódio avassalador.

A mentora espiritual refere-se a essa dualidade existente no ser humano, quando disserta sobre a visão junguiana, em seu livro *Em busca da verdade,* conforme transcrevo:

> *"O objetivo essencial da existência humana, do ponto de vista psicológico, na visão junguiana, é facultar ao indivíduo a aquisição da sua totalidade, o estado* numinoso, *que lhe faculta o perfeito equilíbrio dos polos opostos.*
>
> *Jung havia estabelecido que o ser humano é possuidor de uma estrutura bipolar, agindo entre esses dois diferentes estados da sua constituição psicológica, qual ocorre com os arquétipos* anima *e* animus.
>
> *Toda vez que lhe ocorre uma aspiração, o polo oposto insurge-se, levando-o ao outro lado da questão.*
>
> *Qualquer comportamento de natureza unilateral logo desencadeia uma reação interna, inconsciente, em total oposição àquele interesse."* (FRANCO, Divaldo; ÂNGELIS, Joanna de [Espírito]. *Em busca da verdade.* Salvador, 2ª ed., LEAL, 2014, p.19.)

Joanna de Ângelis, mais adiante, na mesma obra, ensina:

INSEPULTO
Não sepultado; dessepulto.

OSTRACISMO
Ato ou efeito de repelir; afastamento, repulsa.

ANIMA
(Psic.) O componente feminino da personalidade de todos os seres humanos (JUNG).

ANIMUS
(Psic.) O componente masculino da personalidade de todos os seres humanos. (JUNG).

"Jesus conhecia as duas polaridades psicológicas do ser humano e, por isso, incitava-o a amar tão profundamente que o seu gesto de afeição sublime e consciente estivesse em plena concordância com os seus arquivos inconscientes.

Aquele que não consegue harmonizar os dois polos em uma totalidade, invariavelmente se faz vítima das expressões desorganizadas do sentimento, induzindo-o às emoções fortes, descontroladas." (Ibidem, p. 20)

Ainda na sequência desse texto, a mentora faz referência a Stevenson, inspirado poeta inglês, que em sua obra genial *O médico e o monstro,* bem traduziu esses dois polos, quando explica que:

"O Dr. Jeckil era vítima do Sr. Hide que coabitava com ele no seu mundo interior, expressando toda a inferioridade que o médico buscava superar no seu ministério sacerdotal.

Na tradição religiosa, expressam-se como o bem e o mal, ou o anjo e o demônio, continuando na feição psicológica em conceituação do certo e do errado, da treva e da luz, do belo e do feio." (Ibidem, p. 20)

Nessas lúcidas explicações citadas, compreendem-se as situações extremas que certas pessoas vivenciam, levando-as aos terríveis crimes passionais decorrentes do ciúme exacerbado ou das crises de cólera, que irrompem, quando acusadas disso ou daquilo nos relacionamentos.

Todavia, no transcurso dos evos, aprendemos que amar, no *perfeito amor,* é respeitar o outro, é não competir, e sim doar-se pelo próprio prazer de amar, sem esperar retribuição, porque chegamos àquela condição de **amar o amor** pela imensa alegria que dele decorre. Essa descoberta íntima felicita o ser que, gradualmente, com simplicidade ama! Esse estado irradia em seu entorno vibrações de paz e harmonia. Por isso, Joanna de Ângelis afirma:

"O amor é a alma do universo."

Importante trecho quando a mentora aborda os distúrbios decorrentes da ausência do amor, que podem ocasionar à criatura que passou por experiências desse tipo, reações emocionais como o rancor, o ressentimento, a indiferença e o ódio. Ela enfatiza, todavia, que a excelência desse sentimento produz resultados notáveis àquele que ama, segundo a sua sábia palavra:

"O amor estimula a produção de endorfinas, de leucinas, de imunoglobulinas e outras substâncias geradoras de saúde, enquanto as irradiações que se lhe opõem produzem reações semelhantes a descargas de elétrons destrutivos que perturbam o equilíbrio psicofísico e propiciam campo para a instalação de doenças, contágios de micróbios nefastos...

Grande número de transtornos neuróticos se origina no ressumar de pensamentos avaros e egoístas, que desenvolvem vibriões energéticos que desarmonizam a mitose celular e as neurocomunicações."

A autora, ao referir-se à mitose, remete-nos à divisão celular, que ocorre na intimidade dos trilhões de células do corpo físico, exteriorizando-se em saúde ou doença, de acordo com as sequelas das quais o Espírito é portador ao reencarnar, cujas presença e influência vibratória são responsáveis por sua condição na vida física.

A essa altura é bom enfatizar que mitose é um processo de divisão celular que, a partir de uma célula formada, originam-se duas células com a mesma composição genética (mesmo número e tipo de cromossomos), mantendo assim inalterada a composição e teor de DNA característico da espécie (exceto se ocorrer uma mutação, fenômeno menos comum e acidental). Este processo de divisão celular é comum a todos os seres vivos, dos animais e plantas multicelulares até os organismos unicelulares, nos quais, muitas vezes, este é o principal, ou até mesmo o único, processo de reprodução (reprodução assexuada).

A importância da mitose pode ser avaliada por suas funções básicas, ou seja, influencia o *crescimento corpóreo, a regeneração de lesões e renovação dos tecidos.*

A mentora exalta a *"contribuição vital do amor em qualquer forma como se apresente: maternal, filial, paternal, familiar, religioso, social, humanitário, espiritual..."* Estas são as várias gradações do amor e, numa reencarnação, passamos por experiências por demais interessantes, porque somos filhos, temos pais, irmãos, parentes, mais tarde nos tornamos pais, avós e assim por diante, em belas lições de vida.

Entretanto, não raramente, missionários do Cristo, que estão espiritualmente mais adiantados na vivência do amor, apresentam enfermidades dolorosas no curso de suas vidas, o que pode parecer um contrassenso, pois deveriam ser saudáveis, de acordo com essa linha de raciocínio. Mas não é assim. O assunto trouxe-me à lembrança a extraordinária passagem do cego de Jericó, que está registrada em Jo. 9: 1 a 41, cuja parte inicial traz uma resposta muito elucidativa.

"E passando Jesus, viu um homem cego de nascença. E seus discípulos lhe perguntaram: Rabi, quem pecou, este ou seus pais, para que nascesse cego?

Jesus respondeu: Nem ele pecou nem seus pais; mas foi assim para que se manifestassem nele as obras de Deus." (Versículos 1 a 3)

Na sequência, no versículo 7, encontramos:

"*Tendo dito isto, cuspiu na terra, e com a saliva fez lodo e untou com lodo os olhos do cego. E disse-lhe: Vai, lava-te no tanque de Siloé! Foi, pois, e lavou-se, e voltou vendo.* (Novo Testamento. Trad. João Ferreira de Almeida. Sociedade Bíblica do Brasil, 1954.)

O cego de nascença não tinha dívida perante a Justiça Divina, o seu era um sofrimento-crédito (expressão do filósofo espiritualista Huberto Rohden), que bem define aqueles que reencarnam por amor, sacrificando-se para que as criaturas aprendam o significado desse sentimento, e, no caso dessa belíssima passagem, aquele homem veio para que nele se manifestassem a bondade e a misericórdia de Deus, através de Jesus, ao curá-lo.

Muito nos interessa a palavra de Léon Denis acerca desse tema.

"*Sabemos que não há educação completa sem a dor. Colocando-nos neste ponto de vista, é necessário livrarmo-nos de ver, nas provações e dores da Humanidade, a consequência exclusiva de faltas passadas. Todos aqueles que sofrem não são forçosamente culpados em via de expiação. Muitos são simplesmente Espíritos ávidos de progresso, que escolheram vidas penosas e de labor para colherem o benefício moral que anda ligado a toda pena sofrida.*" (O problema do ser, do destino e da dor. FEB, 2010.)

Por sua vez, Joanna ressalta:
"*Sucede que, nesses casos, deve-se considerar que o missionário elege o sofrimento em resgate de antigas dívidas morais perante as Leis Soberanas ou esse resgate tem por objetivo demons-*

trar que nele o sofrimento não é imposto, mas solicitado para ensinar à Humanidade devedora resignação, desprendimento e coragem moral."

Aos poucos o ser humano descobre que é um Espírito imortal, trazendo em si mesmo o amor, como o principal atributo com que Deus o dotou, e, ao tempo em que esse sentimento desabrocha, entende que igualmente todos os demais filhos de Deus foram criados no Seu Perfeito Amor. Por essa razão, a autora espiritual, com rara felicidade, escreve que:

"O amor é o embaixador vibratório de Deus para que a fé, a esperança e a caridade transformem as pessoas e o mundo, inaugurando na Terra o período de paz que todos anelam."

Prestemos atenção nisto: **O amor é o embaixador vibratório de Deus,** o que quer dizer que Deus se faz presente através do seu infinito Amor, cujas vibrações sublimes preenchem e sustentam todo o Universo, reverberando das magnificências das galáxias com seus esplendores às profundezas abissais dos oceanos, dos seres angélicos às furnas onde se asilam os que ainda se recusam a amar, **"desde o átomo primitivo até o arcanjo...",** conforme a questão 540 de *O Livro dos Espíritos.*

FURNA
Cavidade profunda na encosta de uma rocha, floresta etc.; caverna, gruta, cova.

Nesse preciso instante, a felicidade de saber tudo isso nos alcança, torna-se o alicerce supremo de nossa vida, porque o processo de autoiluminação se faz sentir, vencidas as heranças primárias que teimavam em perseverar em nosso mundo interior.

Porque Jesus, como o amor que se corporificou, é o embaixador de Deus para o planeta Terra, ensinando à Humanidade que aqueles que O seguem tornam-se fonte de bondade, de paz e de alento, acendendo luzes na escuridão que ainda predomina.

GRANDE NÚMERO DE TRANSTORNOS NEURÓTICOS SE ORIGINA NO RESSUMAR DE PENSAMENTOS AVAROS E EGOÍSTAS, QUE DESENVOLVEM VIBRIÕES ENERGÉTICOS QUE DESARMONIZAM A MITOSE CELULAR E AS NEUROCOMUNICAÇÕES.

6

AUTOILUMINAÇÃO

O **GRAVE COMPROMISSO PARA A AQUISIÇÃO** da autoiluminação é um empreendimento de curso demorado, que exige ingentes esforços e culmina, vezes sem conto, em sacrifício pessoal dos interesses inferiores.

A decisão tomada para o mister impõe perseverança e coragem permanentes. Hábitos profundamente arraigados, oriundos de existências passadas, caracterizados pelo egoísmo e toda a sua malha de cruéis tentáculos conhecidos como as imperfeições morais, tornam-se repetitivos e fazem-se necessários de erradicação total.

Somente quando o indivíduo identifica-se como ser imortal é que se resolve pela alteração do comportamento e a eleição de diretrizes realmente legítimas para a conquista da felicidade.

Quando deambula pelas trilhas do materialismo, nenhum estímulo experimenta para a empresa autoiluminativa, por estar convencido da sua pouca utilidade, por verificar o triunfo do crime e da indiferença pelos valores éticos existenciais.

Conhecendo, porém, a realidade do Além-túmulo, compreende que, no prosseguir da vida após o decesso celular, as experiências e ações vivenciadas ressumarão em efeitos equivalentes. Conforme foi vivida a caminhada terrestre, assim prossegue além do corpo.

INGENTE
Muito grande, retumbante.

MISTER
Ofício, profissão; necessidade, precisão.

DECESSO
Ato ou efeito de deceder, falecer; morte, óbito, passamento.

Já não dispondo das possibilidades orgânicas para fruir os prazeres a que se acostumou e nos quais se comprazia, as emoções superam as antigas sensações que são diferentes na sua estrutura e no seu conteúdo.

DEFLUENTE
Que deflui, corre.

Defluentes da conduta permitida, verifica os prejuízos que se causou, ao constatar que foram perversas e desrespeitosas aos demais suas atitudes, então a culpa se lhe instala na consciência, que o aturde, envergonha e infelicita.

Sem dúvida, o Tribunal divino encontra-se instalado nos

REFOLHO
Dobra, prega, refo-
lhamento.

refolhos da consciência que analisa os acontecimentos e apresenta a outra face, a desconhecida, aquela que seria a correta, a desejável, não mais possível de a viver.

Desespero rude toma-lhe conta do ser e fica transtornado, em luta para livrar-se do conflito íntimo que o constringe

CONSTRINGIR
Que cinge apertando;
que estreita.

e o desencanta.

Não raro, pode isso acontecer antes da desencarnação, por amadurecimento psicológico, e a existência perde o encantamento, as motivações para prosseguir, por efeito da angústia que se fixa nos painéis mentais e emocionais, multiplicando os tormentos íntimos.

Retidão moral é, pois, o caminho seguro para todo aquele que anela pelo futuro de harmonia pessoal, seja espiritualista, agnóstico ou ateu.

Não importa a crença que tenha ou a não crença que adote, pois que o importante é a consciência da própria vida.

O bem é conquista inalienável para o equilíbrio emocional e para a paz consigo próprio.

•

Não duvides da excelência da jornada terrestre saudável.

A vida prossegue além da morte, creia-se ou não. Na dúvida, permite-te a opção dos atos dignificantes que te farão bem em qualquer circunstância.

Quando alguém predispõe-se à autoiluminação, a sombra atemoriza-o, as condutas reprocháveis intentam manter-se e ele debate-se nas dificuldades e nos desafios das novas tentativas.

Resiste às induções nefastas.

Observa quanto alegre e renovado permaneces, quando não te permites necessidade de reparação, de arrependimento das ações praticadas.

Harmonias internas vibram no pensamento e somatizam-se no organismo.

A mente liberta-se das ideias turbulentas e alça-se a patamares mais elevados, que proporcionam a visão gloriosa do existir, enquanto viceja o bem-estar que se transforma em amor a tudo e a todos.

Talvez tropeces e tombes nos velhos hábitos durante o processo libertador. É natural que assim aconteça. Logo após, recomeça, refaz a atitude e não desanimes.

Fatores existenciais e espirituais conspirarão contra a tua decisão de ascender aos páramos da luz.

Toda vez quando alguém se destaca no grupo social e torna-se visível, chama a atenção, desperta reações diversas, nem sempre favoráveis ao projeto de enobrecimento.

A tua é uma aquisição pessoal legítima que te premiará de ventura.

Não esmoreças, mesmo que acoimado por conflitos de vária ordem.

Ao experimentares o tentame autoiluminativo, notarás quanto necessário se te faz o prosseguimento.

A atualidade terrestre está assinalada pelos paradoxos da cultura, da tecnologia, mas também da violência, do medo, da exaltação do crime e do terrorismo.

Não estranhes esse temporário transcurso do processo evolutivo. Pelo contrário, experimenta a alegria de ser diferente pela transformação que estás operando em teu mundo interior.

REPROCHAR
Fazer censura a; lançar em rosto de; exprobar.

PÁRAMO
Abóbada celeste; céu, firmamento.

ACOIMAR
Que ou o que impõe ou aplica coima ('multa', 'pena').

JOANNA DE ÂNGELIS

A tua metamorfose não passará despercebida e servirá de encorajamento para que outros indivíduos que aspiram pelo bom e pelo belo sintam-se estimulados a adotar o teu exemplo.

O mal cansa, depaupera, crucifica aquele que se permite cultuá-lo.

Renasceste para triunfar.

Não te detenhas no pórtico da renovação moral. Avança e conquista-te.

*

Somente Ele, que superou todas as vicissitudes do mundo, poderia experimentar com serenidade a traição de um amigo, a negação de outro e o abandono de outros tantos, aceitando a crucificação...

(...) E, apesar de todos os fatores negativos, perdoou-os e os elegeu para que prosseguissem reabilitando-se e sacrificando-se em benefício da Humanidade.

Depois do Seu holocausto, não foram poucos aqueles que O imitaram e até hoje prosseguem no mister da autoiluminação.

* *

A expansão da consciência

Joanna de Ângelis inicia, magistralmente, a rica mensagem trazendo à luz preceitos perfeitamente integrados com o "Código penal da vida futura", o qual Allan Kardec insere na quarta obra da Codificação, *O Céu e o Inferno* (FEB, 28ª ed., 1982, Cap. VII, primeira parte).

Ao afirmar que o fato de o indivíduo identificar-se como ser imortal o leva a uma nova compreensão, a uma perspectiva muito mais profunda a respeito de si mesmo e da vida, que passa a ter um futuro nunca antes pensado, influindo, gradualmente, na sua transformação moral. A realidade do Além-túmulo passa a ser o foco de pensamentos, até o momento impensáveis, que assumem uma importância cada vez maior e constante.

Observemos o que ela afirma:

Conhecendo, porém, a realidade do Além-túmulo, compreende que, no prosseguir da vida após o decesso celular, as experiências e ações vivenciadas ressumarão em efeitos equivalentes. **Conforme foi vivida a caminhada terrestre, assim prossegue além do corpo.**

A esta altura é oportuno assinalar o que o codificador do Espiritismo expõe, no citado Código penal da vida futura:

"1º) A alma ou Espírito sofre na vida espiritual as consequências de todas as imperfeições que não conseguiu corrigir na

vida corporal. O seu estado, feliz ou desgraçado, é inerente ao seu grau de pureza ou impureza.

2º) A completa felicidade prende-se à perfeição, isto é, à purificação completa do Espírito. Toda imperfeição é, por sua vez, causa de sofrimento e de privação de gozo, do mesmo modo que toda perfeição adquirida é fonte de gozo e atenuante de sofrimentos."

Um dos aspectos mais importantes que o Espiritismo apresenta é a questão da Ciência do Infinito, que menciono em outros comentários dos textos da mentora espiritual, aclarando de forma decisiva a imperiosa necessidade de o ser humano sair de si mesmo para transcender os parâmetros da vida física, impermanente e transitória.

Allan Kardec, com sabedoria e visão de futuro, comenta na Introdução XIII de *O Livro dos Espíritos* (FEB, 2006. Edição Comemorativa do Sesquicentenário):

"(...) Ninguém, pois, se iluda: o estudo do Espiritismo é imenso; interessa a todas as questões da metafísica e da ordem social; é um mundo que se abre diante de nós. Será de admirar que o efetuá-lo demande tempo, muito tempo mesmo?

A contradição, demais, nem sempre é tão real quanto possa parecer. Não vemos todos os dias homens que professam a mesma ciência divergirem na definição que dão de uma coisa, quer empreguem termos diferentes, quer a encarem de pontos de vista diversos, embora seja sempre a mesma ideia fundamental?"

Extraordinário argumento do codificador.

Pouco mais de um século transcorreu, após o lançamento de *O Livro dos Espíritos,* e por volta das décadas de 1950 e 1960, vamos encontrar os mais eminentes físicos da época, debatendo questões que abriram um novo e surpreendente campo: o da física quântica, com seus notáveis paradoxos, levando-os a discussões e pesquisas jamais imaginadas. A grande dificuldade foi o confronto com a física clássica, que predominava há mais de três séculos e que, repentinamente, estava sendo questionada e ultrapassada, embora "seja sempre a mesma ideia fundamental". Assim, Werner Heisenberg e Niels Bohr, com base em Albert Einstein, em pesquisas avançadas, na tentativa de compreender a natureza dos fenômenos subatômicos, descobriram que: a matéria subatômica surge às vezes como partículas, às vezes como ondas. Surgiu, então, o princípio da indeterminação de Heisenberg, informa o físico Fritjof Capra, no seu excelente livro *Sabedoria incomum* (Editora Cultrix: São Paulo, 1995).

Para se chegar a tão surpreendentes resultados, foi imprescindível que os pesquisadores envolvidos nesse projeto abrissem outros rumos de pensamentos, vencessem preconceitos ancestralmente arraigados e considerados paradigmas inamovíveis, para que se instalasse uma nova evolução da consciência.

Fritjof Capra afirma, na obra acima citada, a necessidade de transcender o pensamento, para alcançar outros níveis de consciência, que "incorpora experiências as quais os psicólogos começaram a chamar de **transpessoais**". Tudo isso o levou também a uma ampliação da consciência social, experiência esta que ele próprio vivenciou.

Essas considerações interessam-nos, sobremaneira, exatamente porque a Doutrina Espírita, na vanguarda do tempo, propõe, em todos os aspectos, a expansão da consciência.

Divaldo Pereira Franco lançou, no ano de 2003, uma obra inigualável, ditada pelo Espírito Carlos Torres Pastorino, absolutamente condizente com o autor espiritual, cujos capítulos apresentam conceitos profundos, da mais alta filosofia espiritual: "Impermanência e imortalidade". No capítulo intitula-

JOANNA DE ÂNGELIS

do "Consciência", ele discorre sobre os mecanismos que regem o Universo, e logo a seguir assevera, com muita propriedade:

"O Espírito, igualmente, é também uma energia universal, que foi gerado por Deus como todas as outras existentes, sendo porém dotado de pensamento, sendo um princípio inteligente, enquanto que todos os demais são extáticos, mecânicos, repetindo-se ininterruptamente desde o primeiro movimento até o jamais derradeiro...

Para poder-se entender essa formulação, torna-se indispensável a expansão da consciência, ampliando-a até além dos limites cerebrais, penetrando os campos específicos onde tem a sua vigência para ser decodificada pelo pensamento e entendida pela razão." (FEB, 2004, p. 162.)

Nessa linha de raciocínio, recordo o livro de Stanislav Grof, notável psiquiatra tcheco, radicado nos Estados Unidos, *Além do cérebro* (Editora McGraw-Hill: São Paulo, 1987), no qual aborda a transcendência em psicoterapia, apresentando a evolução da consciência, a partir de suas experiências por mais de três décadas.

Jesus, em vários momentos, ressalta o valor dos seres humanos, prenunciando o futuro que a todos aguarda:

"Eu disse: Sois deuses. (João, 10: 34)
"Vós sois o sal da terra. Vós sois a luz do mundo." (Mateus, 5: 13 e 14)

Para o entendimento mais amplo dos ensinamentos de Jesus, é necessário abrir as comportas mentais, possibilitando apreender o sentido profundo do que Ele pregava.

Essa questão da evolução da consciência decorre, portanto, da busca incessante do melhor, que é apanágio do ser humano. Lentamente os níveis mentais se vão ampliando, mesmo porque esse processo é inerente à Lei do Progresso, de caráter

> **APANÁGIO**
> Atributo, condição; vantagem, regalia.

universal, o que é uma ideia altamente fascinante, interconectando todos e tudo à Consciência Cósmica. Desse fantástico e grandioso estuário cósmico, manancial da Verdade Divina, escorrem oceanos incomensuráveis que alimentam a Vida Infinita.

De uns tempos a essa parte, a venerável mentora Joanna de Ângelis tem enfocado, com mais ênfase e frequência, temas que propõem a ampliação dos pensamentos e, consequentemente, da consciência, a fim de despertar as criaturas, motivando-as a sair do marasmo mental a que se acostumaram, favorecendo novas e belas perspectivas que realmente atendam à realidade do Espírito imortal, que intimamente anseia por se descobrir, sentindo que existem paisagens novas e promissoras de felicidade a partir de si mesmo.

Ainda mencionando as diferentes experiências entre a transitória vida física e a perene imortalidade, evidencia a mentora que:

*"Já não dispondo das possibilidades orgânicas para fruir os prazeres a que se acostumou e nos quais se comprazia, **as emoções superam as antigas sensações que são diferentes na sua estrutura e no seu conteúdo.**"* (Grifei)

Interessa-nos, de imediato, a explicação que ela apresenta sobre emoções e sensações, em outra obra de sua autoria espiritual, *Em busca da verdade*, onde se lê:

"Como, felizmente, a existência não se constitui exclusivamente das sensações, mas especialmente das emoções, e o ser é mais psicológico do que fisiológico, mesmo quando o ignora, é natural que esse conflito esteja presente em todos os instantes, nas reflexões, nas ambições, nas programações existenciais." (FRANCO, Divaldo; ÂNGELIS, Joanna [Espírito]. *Em busca da verdade*. Salvador, 2ª ed., LEAL, 2014, p.114.)

Conforme esclarece a mentora, o passo decisivo para a conscientização ocorre em meio a conflitos íntimos, quando sobressai a lembrança dos desatinos até então perpetrados, o que traz à tona das profundezas abissais da alma a noção da culpa, que emerge apontando os desvios, os erros como se nada lhe restasse para reparar e redimir-se. Entretanto, como disse Jesus, "o Reino de Deus não está aqui ou ali, mas dentro de vós", evidenciando com luminosa esperança para todos os humanos que, embora o Tribunal divino com suas leis universais predomine na consciência, estas leis não condenam o infrator ao fogo do inferno eterno, porque são de amor e misericórdia, e o Pai Celeste proporciona ensejos de redenção pessoal a todos os Seus filhos, na longa caminhada evolutiva.

Quando, enfim, o Espírito encarnado sente a necessidade da imprescindível mudança, quando percebe o sentido profundo da vida tanto no plano físico quanto no mundo espiritual, quando deixa crescer em seu íntimo o anseio de ser feliz, compreendendo que é o artífice do seu destino, abre-se uma nova visão de mundo para que a jornada redentora se concretize. Não se pode perder de vista que cada um tem a seu lado o Espírito protetor, o chamado anjo da guarda, que encontrará então em seu protegido a condição favorável à sua influência mais direta e benfazeja.

BENFAZEJO
Que faz o bem, caridoso; benéfico, favorável.

Importante atentarmos para as palavras confortadoras da autora espiritual que enfatiza quanto ao justo momento da transformação moral:

"Harmonias internas vibram no pensamento e somatizam-se no organismo. A mente liberta-se das ideias turbulentas e alça-se a patamares mais elevados, que proporcionam a visão gloriosa do existir, enquanto viceja o bem-estar, que se transforma em amor a tudo e a todos.

Talvez tropeces e tombes nos velhos hábitos durante o processo libertador. É natural que aconteça. Logo após, recomeça, refaze a atitude e não desanimes.

Fatores existenciais e espirituais conspirarão contra a tua decisão de ascender aos páramos da luz.

Toda vez quando alguém se destaca no grupo social e torna-se visível, chama a atenção, desperta reações diversas, nem sempre favoráveis ao projeto de enobrecimento."

Analisando esses mecanismos da Justiça Divina, a nossa mente e nosso coração se enternecem ao constatar quão belas são as providências criadas por Deus para a evolução do Espírito, "os seres inteligentes da Criação" (questão 76 de *O Livro dos Espíritos*). A saga evolutiva, embora prenhe de lutas, de dificuldades que parecem ser extremas, apresenta como meta a felicidade plena, que somente será alcançada quando o Espírito conquistar a perfeição (relativa), enquanto a esperança promissora da felicidade é a motivação maior de todos os humanos.

Clarificando quanto ao êxito do processo de autoiluminação, Joanna de Ângelis, com sua superior vivência, ensina em outra obra:

"Sem dúvida, o conhecimento é muito importante no processo de expansão do intelecto, no entanto, no que diz respeito à expansão da consciência e dos sentimentos, somente o amor é possuidor do meio mais eficaz para facultar o êxito." (FRANCO, Divaldo; ÂNGELIS, Joanna [Espírito]. *Entrega-te a Deus*. Salvador, 1ª ed., InterVidas, 2010, cap. 14, p.96.)

Assinala Joanna de Ângelis, na mensagem que comento:

"Ao experimentares o tentame autoiluminativo, notarás quanto necessário se te faz o prosseguimento.

A tua metamorfose não passará despercebida e servirá de encorajamento para que outros indivíduos que aspiram pelo bom e pelo belo sintam-se estimulados a adotar o teu exemplo."

Conquistando gradativamente a autoiluminação, etapas de surpreendentes belezas se irão somando, demonstrando ao Espírito perseverante e nobre que a vida se infinita e esplende pelos campos eternos do Universo.

Finalizamos com palavras da autora espiritual em seu livro *O ser consciente*:

"Agigantando-se a consciência, o ser alcança a paranormalidade superior e inter-relaciona-se com os seres das faixas espirituais mais elevadas, vivendo no corpo e fora dele em plenitude.

Assim alcança a iluminação, a bem-aventurança, que são as expressões máximas da felicidade." (FRANCO, Divaldo; ÂNGELIS, Joanna [Espírito]. *O Ser Consciente*. Salvador, 16ª ed., LEAL, 2013, cap. 9, p.151.)

• • •

A TUA METAMORFOSE NÃO
PASSARÁ DESPERCEBIDA E
SERVIRÁ DE ENCORAJAMENTO
PARA QUE OUTROS
INDIVÍDUOS QUE ASPIRAM
PELO BOM E PELO BELO
SINTAM–SE ESTIMULADOS A
ADOTAR O TEU EXEMPLO.

DISSIDÊNCIAS

7

SEMPRE HOUVE, E AINDA POR MUITO TEMPO haverá, dissidentes em relação aos conceitos de qualquer natureza apresentados à sociedade.

DISSIDÊNCIA
Desavença, conflito, divergência de opiniões.

Em razão dos diferentes níveis de consciência em que estagiam as criaturas humanas, inevitavelmente cada qual levará em consideração qualquer ideia ou proposta cultural, científica, moral, religiosa, filosófica ou artística, conforme a sua capacidade de a entender.

Inutilmente se proporá unidade no conhecimento, a fim de facilitar a compreensão da mensagem, porque a capacidade de entendimento dos adeptos, por ser muito diferente uma da outra, alterará o seu conteúdo, adaptando-o à própria forma de pensar e aos recursos que lhe estão disponíveis para a viver.

As páginas mais belas do pensamento cultural começam a sofrer debates e dissidências logo que são divulgadas, dando lugar a variações de escolas de interpretação que, mais tarde, transformam-se em núcleos de combate.

É compreensível que haja a divergência opinativa e de interpretação, não, porém, justificáveis a divisão da unidade, a luta presunçosa pela posse total da verdade...

Sucede, porém, que, nesse momento, o egoísmo predomina, e cada indivíduo, acreditando-se superior aos demais, elege para si mesmo a primazia da interpretação, não raro superando o autor da ideia.

Autoconsiderando-se privilegiado pelos deuses da presunção, adapta quase tudo quanto ouve e participa à sua maneira de entender, estabelecendo normativas de interpretação que muitas vezes são mais confusas do que a ideia em discussão.

Esse comportamento o satisfaz, porque é uma forma de exaltação do *ego* e uma conduta extravagante que chama a atenção dos demais, como resultado imediato dos conflitos que lhe predominam no mundo íntimo.

Observa como os dissidentes apresentam-se na condição de conhecedores de tudo, subestimando os demais e comportando-se como verdadeiros proprietários da cultura.

Não se dão conta do ridículo a que se expõem, porque a grandeza de um pensamento está na sua significação e não naquele que o expõe.

Em razão do alto significado de que o pensamento se reveste, torna o seu autor respeitável por havê-lo elaborado, especialmente se o vivenciou durante a sua existência.

A grandeza de uma ideia manifesta-se no bem que proporciona, de forma a auxiliar o ser humano a crescer moral e espiritualmente, na sua inexorável marcha em busca da perfeição.

Não se estranhem, portanto, os comportamentos dissidentes em todos os segmentos sociais e campos de conhecimento em que estagia a Humanidade.

•

Após haver alcançado o *Despertar*, o príncipe Sidharta Gautama ensinou a compaixão, estabeleceu as diretrizes severas para a superação do sofrimento e a conquista da paz interior, iluminando vidas incontáveis que, nas suas palavras e exemplo, encontraram a razão única para a existência.

Nada obstante, ainda em vida física, viu o seu pensamento ser deturpado, adaptado a comportamentos cômodos, incapazes de seguir a orientação libertadora de que ele fora portador.

Despreocupado, porém, com essa conduta humana, prosseguiu integérrimo até o momento da libertação, ensinando que havia oferecido a todos o ensinamento da perfeição, a fim de que pudessem seguir pelo caminho da evolução em paz de consciência, buscando a plenitude.

INTEGÉRRIMO
Extremamente íntegro; muito reto.

Sócrates, por sua vez, sempre demonstrando ser aprendiz da vida e nada saber, pugnou pela austeridade moral, pelo respeito às leis da sua querida Atenas, inclusive, aquela que lhe encerrava a existência física.

PUGNAR
Travar combate (por); bater-se.

Dedicando-se totalmente à sabedoria, não se preocupou com riquezas materiais, jamais cobrou dos amigos e discípulos qualquer retribuição, vivendo conforme escutava as orientações do seu *Daimon*.

Embora a grandeza de que se revestiam as suas palavras e os seus sofismas, dissidentes odiosos tramaram-lhe a morte e o perseguiram mesmo depois de haver sucumbido à letal ingestão da cicuta.

CICUTA
Planta apiácea muito venenosa.

Ele teve, porém, o cuidado de não se deixar abater pelos seus opositores, pelos adversários que o não perdoavam pela retidão que se exigia pessoalmente.

Jesus viveu o amor em toda a sua plenitude, ensinou pelo exemplo e demonstrou que somente através dele o ser humano pode conseguir a perfeita integração no espírito da Vida, método poderoso para evitar o vazio existencial.

Perseguido, negado, abandonado por quase todos, sorveu a taça da amargura e entregou-se à cruz sem reclamação, a fim de que o Seu exemplo se transformasse na mais extraordinária lição de liberdade.

Pouco tempo depois da Sua morte, os dissidentes começaram a criar correntes de pensamento e a fazer interpretações absurdas em torno da Sua palavra, o que deu lugar às terríveis perseguições, aos ódios e lutas renhidas de uns contra os outros, todos porém convencidos de que eram fiéis ao Senhor...

RENHIDO
Debatido demoradamente; porfiado; sangrento, cruento.

JOANNA DE ÂNGELIS

Depois dele, Francisco de Assis assumiu o papel de reedificador da igreja do amor e da caridade, do perdão e da humildade, da santificação pela entrega total ao Seu exemplo e atraiu multidões famintas de paz e sedentas de renovação interior.

Apesar disso, ainda durante a existência debilitada, viu a sua Ordem ser assaltada pelos dissidentes que passaram a esconjurá-lo, a amenizar a severidade da sua conduta, a voltar ao século entre o conforto e a malversação dos valores morais abraçados por ele até a desencarnação.

Não estranhes, portanto, nas fileiras da Doutrina Espírita, os dissidentes, aqueles que se não adaptam aos conteúdos sublimes de que é portadora, antes a adaptando às suas comodidades e presunções, gerando dificuldades, separatismos, exclusivismos, animosidades...

Segue, porém, a codificação conforme a recebeste de Allan Kardec e dos guias da Humanidade, sendo-lhes fiel.

•

No atual estágio do planeta de provas e de expiações, as dissidências demonstram quanto ainda se necessita de processar o amor no coração, a bondade nos sentimentos, o respeito na conduta e a fraternidade em todos os atos e momentos da existência.

Recorda-te desses mensageiros que anteciparam Jesus ou vieram depois, assim como Ele próprio, vivendo-O no silêncio das tuas reflexões, de modo que possas comportar-te conforme Ele se conduziu, imitando-O nas mais diversas situações em que te encontres.

Não receies nem combatas os dissidentes, porque eles mesmos infelizmente se trucidam na perturbação emocional em que se encontram.

• •

ESCONJURAR Afastar; distanciar-se.

MALVERSAÇÃO Má administração, má gerência.

TRUCIDAR (Fig.) Causar o fim de; exterminar, destruir, esmagar.

Nas fileiras da Doutrina Espírita

"Estudai, comparai, aprofundai. Incessantemente vos dizemos que o conhecimento da verdade só a esse preço se obtém. Como quereríeis chegar à verdade, quando tudo interpretais segundo as vossas ideias acanhadas, que, no entanto, tomais por grandes ideias?"

(KARDEC, Allan. *O Livros dos Médiuns*. FEB, 1980, cap. 27, *O Espírito de Verdade*.)

Esta advertência do Espírito de Verdade não é suficientemente considerada em nosso meio espírita, porque o estudo e aprofundamento do Espiritismo bem como o do Evangelho de Jesus nem sempre fazem parte da programação de muitas de nossas Casas espíritas. O desconhecimento desses princípios básicos, substituído por leituras superficiais, leva a interpretações diferentes, até mesmo à deturpação dos seus conteúdos, exatamente por falta de um estudo meticuloso; e, vale dizer, as pessoas agregam o que conseguiram apressadamente assimilar, passando a cultivar a ideia de que são grandes conhecedores, conforme explana a mentora Joanna de Ângelis.

Observemos que, na citação acima, os três verbos estão no imperativo, deixando bem clara a sua importância e a necessidade de que seu significado seja apreendido. Convém realçar que além do estudo e aprofundamento está a necessidade de se **comparar** o que a Doutrina Espírita proporciona desde as circunstâncias da vida, e, em especial, com outros autores espíritas e os não espíritas, pois é dessa comparação que se sobressai a excelência das diretrizes e ensinamentos que dela promanam.

Trazendo à cena, inicialmente, dois vultos que se notabilizaram por suas contribuições em prol da Humanidade, Sidharta Gautama, o Buda, e o filósofo grego Sócrates, Joanna de Ângelis comenta a respeito das interpretações distorcidas, das divergências surgidas quanto a tudo o que pregavam.

Estabelecendo os princípios básicos para a superação do sofrimento, Sidharta Gautama evidenciou que o despertar para o real sentido da vida, gradualmente, propiciaria o processo da conquista da paz interior. Cabe mencionar que a questão relacionada com o sofrimento mereceu de Joanna de Ângelis um estudo aprofundado, conforme se encontra no seu livro *Plenitude* (FRANCO, Divaldo; ÂNGELIS, Joanna [Espírito]. *Plenitude*. Salvador, 18ª ed., LEAL, 2013).

Nessa obra, a autora apresenta algumas das edificantes propostas do budismo quanto à compreensão e à cessação do sofrimento, mediante a iluminação interior. Ela, então, **compara-os** com os princípios da Doutrina Espírita, que em seus avançados conceitos vai às causas remotas atinentes ao Espírito imortal, ainda acorrentado mentalmente ao jugo dos instintos primitivos, que a roda das reencarnações sucessivas aos poucos irá liberar. Joanna de Ângelis, com a sabedoria que lhe é peculiar, aclara o raciocínio em relação à ideia que ainda predomina de ser a dor um castigo divino, para que seja entendida de outra maneira.

> **ATINENTE**
> Que diz respeito a; que concerne a.

"A dor, porém, não é uma punição. Antes, revela-se um excelente mecanismo da vida a serviço da própria vida. [...]

Isso porque, em todo processo degenerativo ou de aflição, o Espírito, em si mesmo, é sempre responsável, consciente ou não. E, naturalmente, só quando se resolve pela harmonia interior, opera-se-lhe a conquista da paz." (Cap. 1, p.14.)

Ao citar o filósofo grego Sócrates, a mentora enfatiza o fato de que ele dedicava-se plenamente a transmitir suas sábias lições a respeito da ética, do respeito às leis, de se preservar a austeridade moral, enquanto repetidas vezes ele dizia seguir as orientações do seu *Daimon*, palavra que significava demônio, todavia, compreendido à época como espírito bom, diferentemente da definição hoje adotada. Anotemos o que é explicado em *O Evangelho segundo o Espiritismo,* na Introdução (KARDEC, Allan. *O Evangelho segundo o Espiritismo*, FEB, 2004 – 2ª Edição Comemorativa Especial):

*"A palavra **daimon**, da qual fizeram o termo demônio, não era, na Antiguidade, tomada à má parte, como nos tempos modernos. Não designava exclusivamente seres malfazejos, mas todos os Espíritos em geral, dentre os quais se destacavam os Espíritos superiores, chamados deuses, e os menos elevados, ou demônios propriamente ditos, que comunicavam diretamente com os homens."*

MALFAZEJO
Que se compraz fazendo o mal; perverso, malvado.

A autora espiritual prossegue em suas considerações destacando, então, a relevante presença de Jesus, cujo legado de luz sofreu as mais diversas modificações e adulterações, dando azo a interpretações extremamente distorcidas. Ela assinala que isso atingiu proporções muito graves:

AZO
Motivo, causa; oportunidade.

"Pouco tempo depois da Sua morte, os dissidentes começaram a criar correntes de pensamento e a fazer interpretações absurdas em torno da sua palavra, o que deu lugar às terríveis perseguições, aos ódios e lutas renhidas de uns contra os outros, todos porém convencidos de que eram fiéis ao Senhor..."

A propósito, citando dissidências e dissidentes em relação ao Cristianismo, é natural trazer às nossas reflexões a ocor-

JOANNA DE ÂNGELIS

rência das Cruzadas, que eram expedições militares de caráter religioso, quando leigos e religiosos se uniram numa tentativa maciça de recuperar Jerusalém, a chamada "Terra Santa", em poder dos muçulmanos infiéis.

Após o Concílio de Clermont, o papa Urbano II, num discurso apaixonado, feito ao ar livre, convocou o público que o ouvia a tirar o controle de Jerusalém das mãos dos muçulmanos, dizendo que a solução seria colocar as armas a serviço de Deus. Afirmou que seria uma expedição de penitência e quem morresse na Terra Santa ou a caminho dela teria uma indulgência plena, garantindo o seu lugar no Paraíso, promessa que fazia através do poder de Deus que lhe fora concedido. A multidão tomada de entusiasmo frenético gritava "Deus quer" – frase que seria repetida por toda a Europa.

As Cruzadas aconteceram na Idade Média, entre os séculos XI e XIII, sendo a primeira proclamada em 1095 pelo papa Urbano II. Vários outros interesses, todavia, motivaram as guerras santas, pois também os reis e senhores feudais da Europa ocidental viam perspectivas de adquirir novas terras e riquezas, enquanto o clero esperava encontrar um escoadouro para os rixentos e desordeiros. Sabe-se que os próprios Cruzados obedeciam a impulsos conflitantes; ao tomar a cruz, muitos confiavam na remissão dos pecados e moratórias para suas dívidas; inúmeros eram *dissolutos* e brutais. Estes violavam e saqueavam outros cristãos e cometiam terríveis atrocidades contra os inimigos muçulmanos. Contudo, uma grande fé dirigia a maioria dos cruzados, uma profunda reverência pelo solo pisado por Jesus.

Entretanto, os Cruzados conseguiram recuperar os lugares santos, mas só os mantiveram em sua posse por menos de cem anos; ao se encerrarem as Cruzadas, a lei de Moisés dominava as terras onde travaram as batalhas.

Lembrando Francisco de Assis, um dos mais elevados missionários de Jesus, que trouxe o ideal maior de seguir o

RIXENTO
Brigão, barulhento, desordeiro, rixoso.

MORATÓRIA
Dilação do prazo de quitação de uma dívida, concedida pelo credor ao devedor para que este possa cumprir a obrigação além do dia do vencimento.

DISSOLUTO
De maus costumes; depravado, devasso, libertino.

Mestre exemplificando ao máximo o Seu Evangelho de amor, bondade e desprendimento, Joanna comenta que também ele viu as diretrizes de sua Ordem serem deturpadas por dissidentes, que não suportando uma vivência que tanto exigiam de seus seguidores, passaram a modificar, ao sabor das conveniências pessoais e interesses escusos, os valores morais que constituíam suas bases.

Assim igualmente ocorre nas fileiras da Doutrina Espírita.

Esse é um momento muito grave. O resumo histórico – vamos assim denominá-lo – que a mensagem apresenta deve ser de alerta para o movimento espírita. Anotemos que os benfeitores espirituais, de um tempo a essa parte, têm feito advertências quanto às dissidências e aos graves prejuízos que acarretam, a fim de não repetirmos os mesmos erros e equívocos que dividiram o Cristianismo nascente, quando da deturpação dos ensinos de Jesus.

Hoje não há mais tantas guerras sangrentas e perversas, mas há uma visível sutileza na ação das Trevas, organizadas a serviço do caos, que ao longo dos milênios tentam de todas as formas impedir o progresso moral e espiritual da Humanidade. Para isso, investem em armadilhas sutis, com o fito de fazer cair os incautos, os indecisos, os invigilantes, afinal, em suas teias, às vezes sedutoras ou, às vezes, fomentadoras de ressentimentos, até mesmo de ódios, que expressam as fraquezas do passado ainda não resolvidas.

FITO
Fim, propósito, objetivo.

As propostas do Espiritismo são claras e belas. Abrem horizontes mentais tão vastos que raiam ao infinito. O próprio Allan Kardec afirma que diante de nós está a Ciência do Infinito (*O Livro dos Espíritos*, Introdução XIII). Essa é uma notícia alvissareira, que nos deve alegrar, porque temos a divina oportunidade de alcançarmos um dia, no tempo sem-fim, o Belo, o

ALVISSAREIRO
Que anuncia ou prenuncia acontecimento feliz.

Amor inefável de Deus e Sua infinita misericórdia, consoante a meta da perfeição relativa que é apanágio de todos os Espíritos.

Quem se sente plenificado pelos princípios da Doutrina Espírita, que resgata a mensagem do Cristo em sua pureza inicial, busca preservá-la, sem fanatismo inconsequente, mas por ser cativo por opção, dessa lógica que ela expressa e que se traduz em libertação de cada ser humano.

Razão tem Emmanuel, em sua magnífica definição, registrada na introdução do livro *Missionários da Luz,* de André Luiz (FEB, 2007, 43ª ed.), quando diz:

> *"Ao Espiritismo cristão cabe, atualmente, no mundo, grandiosa e sublime tarefa.*
>
> *Não basta definir-lhe as características veneráveis de Consolador da Humanidade, é preciso também revelar-lhe a feição de movimento libertador de consciências e de corações."*

Seguir a codificação, estar atento aos seus princípios básicos, preservar a obra de Allan Kardec, compreendendo o seu alcance superior com vistas à regeneração da Humanidade, cujo processo libertador, concentrado no Evangelho do Cristo, é o cerne de todo o edifício doutrinário – esta a missão dos verdadeiros espíritas.

Importante refletir profundamente nas palavras do Espírito de Verdade, conforme registradas em *O Livro dos Médiuns* (FEB, 2001, 68ª ed.):

"Se dissidências capitais se levantam, quanto ao princípio mesmo da Doutrina, de uma regra certa dispondes para as apreciar, esta: a melhor doutrina é a que melhor satisfaz ao coração e à razão e a que mais elementos encerra para levar os homens ao bem. Essa, vo-lo afirmo, a que prevalecerá." (Cap. XXVII, it. 302.)

• • •

AO ESPIRITISMO CRISTÃO CABE,
ATUALMENTE, NO MUNDO,
GRANDIOSA E SUBLIME TAREFA.
NÃO BASTA DEFINIR-LHE
AS CARACTERÍSTICAS VENERÁVEIS
DE CONSOLADOR
DA HUMANIDADE,
É PRECISO TAMBÉM
REVELAR-LHE A FEIÇÃO DE
MOVIMENTO LIBERTADOR DE
CONSCIÊNCIAS E
DE CORAÇÕES.

FAZE o MESMO

8

BUSCASTE NA HISTÓRIA OS MAIS NOTÁVEIS pensadores da Humanidade e resolveste por assimilar os ensinamentos do Príncipe Sidharta Gautama, o Buda, do sofista Sócrates e do incomparável Mestre Jesus.

Com Buda, aprendeste a maneira segura de libertar-te do sofrimento, superando-o, mediante a compaixão generosa e a entrega à existência austera, em que *Maia*, a Paixão pervertida e alucinada, deve ceder lugar à bondade e ao dever em favor da autoiluminação.

Na meditação e no silêncio interior sabes que se encontram as respostas às incógnitas do pensamento e aos tormentos que conduzem o ser humano pelas vias tortuosas e comprometedoras.

O insigne pensador grego, pai da Filosofia, por sua vez, ensinou-te que a sabedoria consiste em discernir o bem do mal, em não transigir com o crime nem o erro, em buscar o conhecimento libertador dos condicionamentos que produzem aflição, e contribuiu para que te desses conta da própria ignorância ante a grandeza do Universo.

TRANSIGIR
Fazer uma transação; ser transigente, tolerante.

Compreendeste a simplicidade do insigne sábio como o mais hábil instrumento para trabalhar os sentimentos e auxiliar o *parto* do conhecimento interno, procedente do mundo das ideias, o mundo espiritual, aplicados ao cotidiano.

Jesus ensinou-te que somente a Verdade pode libertar o Espírito das tenazes que o asfixiam e o levam ao desequilíbrio.

TENAZ
Que prende e agarra com firmeza.
(Fig.)difícil de eliminar, de debelar.

Essa Verdade, porém, dorme no mundo íntimo de todos, necessitando que cada qual se esforce por fazê-la fluir abundante em contato com o amor, que é o único antídoto ao egoísmo destrutivo, que escraviza os seres que se lhe deixam conduzir.

Em todos esses admiráveis missionários de Deus estão exaradas as lições preciosas da felicidade real em detrimento do anestésico da ilusão que o mundo oferece aos seus apaniguados, dementando-os e deixando-os desditosos.

Nunca te arrependerás por haveres seguido o caminho da reflexão e da misericórdia para com todos, scientes e insensíveis seres da Casa do Pai, conseguindo libertar-te da roda das reencarnações inferiores, alçando-te a patamares mais elevados e dignificadores.

Ferindo de morte a jactância e a presunção no próprio seio onde se homiziam, sairás da caverna escura da prepotência para os caminhos da solidariedade e da alegria após o *parto* das ideias superiores que se encontram latentes no teu mundo íntimo.

Distendendo braços gentis a quantos se te acerquem, onde estejas e conforme te encontres, sentirás as blandícias da fraternidade rociando-te o Espírito enquanto o amor te ampliará os contornos do sentimento e te oferecerá a inefável alegria de viver.

Esses mestres do conhecimento, da experiência e do Reino dos Céus estão aguardando que o mundo os redescubra, a fim de conseguir a finalidade a que está destinado, tornando-se pleno de felicidade.

●

Conforme eles fizeram e te legaram, faze o mesmo.

Não titubeies diante dos seus nobres ensinamentos a respeito da finalidade da existência.

EXARAR
Fazer marca em; entalhar, lavrar; registrar por escrito.

APANIGUADO
Favorito, protegido, afilhado; aderente, partidário.

DESDITOSO
Desafortunado, inditoso, infeliz.

JACTÂNCIA
Atitude de alguém que se manifesta com arrogância e tem alta opinião de si mesmo; vaidade, orgulho, arrogância.

HOMIZIAR
Inimizar, indispor; esconder, encobrir.

BLANDÍCIA
Afago, carícia; meiguice, brandura.

ROCIAR
Cobrir de rocio, de orvalho; orvalhar.

INEFÁVEL
Indizível, indescritível; inebriante, delicioso, encantador.

TITUBEAR
Ficar em estado de irresolução, incerteza, hesitar, vacilar.

Rompe a carapaça que te impede os movimentos e sai a cantar a compaixão, o conhecimento da Verdade e a vivência do amor, dando a tua contribuição para tornar as pessoas menos infelizes e mais plenas.

Ninguém te perguntará o que delas pretendes, se os teus sentimentos demonstrarem a grandeza com que eles realizaram o seu apostolado, e cada qual que te ouça e te veja no exercício do que lhe ensinas, compreenderá que é possível realizar o anelo de plenitude, superando os sofrimentos que se tornaram parte integrante da vida física.

De igual maneira, compreenderás que as dificuldades que defrontes e os dissabores que, por acaso, experimentes, também eles os vivenciaram sem qualquer ressentimento ou tristeza, pois que sabiam estar no cumprimento dos seus sagrados deveres.

Buda viveu oitenta anos, havendo-se dedicado na maior parte deles ao ensinamento da retidão, da misericórdia, da renúncia e da bondade, superando as emoções tormentosas e substituindo-as pela paz interior que irradiava da face serena e do coração gentil.

Sócrates, septuagenário, pagou com a própria existência a audácia dos ensinamentos capazes de modificar a cultura grega da sua época e do futuro, aceitando a morte como a fatalidade da vida física e o pórtico da imortalidade.

> **SEPTUAGENÁRIO**
> Que ou aquele que está na faixa dos 70 anos de idade; setuagenário, setentão.

Jesus aceitou a infâmia, a ingratidão, a perseguição gratuita, a condenação com piedade pelos seus algozes, pelos amigos fragilizados que O abandonaram e rogou ao Pai que perdoasse a todos, que na sua infinita ignorância não sabiam o que estavam fazendo.

Mestre de incomparável textura moral, o Nazareno ímpar, responsável pelo destino da Terra, mandou que viessem Buda e Sócrates antes dele, a fim de Lhe prepararem o caminho para a ensementação do amor no árido solo dos sentimentos humanos.

> **ENSEMENTAÇÃO**
> Lançar sementes a; semear.

JOANNA DE ÂNGELIS

Desfigurada, no entanto, a Sua mensagem, conforme Ele já o esperava, prometeu que voltaria em forma de legião de estrelas luminíferas do mundo espiritual, para recordar-Lhe os ensinamentos, apresentarem novas revelações e ficarem para sempre no coração dos seres humanos.

Vives o momento em que esplende o novo sol da informação espiritual e participas do banquete majestoso que Ele oferece por segunda vez à Humanidade.

Repleta-te de luz e faze o mesmo, contribuindo com o mínimo que seja à tua disposição, cumprindo com o teu dever.

Todos aqueles que conhecem Jesus têm compromisso com o Seu ministério, que é o de ensinar a verdade e viver retamente ante a justiça e o dever.

·

Buda permanece inalterado na sua compaixão para com a Humanidade.

Sócrates continua exemplo de dedicação ao dever, sem posses materiais, sem brilhantismos de sabedoria, informando nada saber, que o tornou eminentemente sábio.

E Jesus, o Mestre ressuscitado, que retornou ao convívio dos Seus por amor, permanece esperando a decisão de cada um para segui-lO ou permanecer na ignorância e na desdita por eleição própria.

· ·

Legião de estrelas

A autora espiritual, Joanna de Ângelis, menciona em suas considerações iniciais três vultos que expressam lideranças espirituais da Humanidade, como mestres em suas áreas do conhecimento e de suas vivências, que escapam àquelas habituais da história humana: Sidharta Gautama, o *Buda*, Sócrates e Jesus.

Para melhor nos situarmos em relação àquele que é denominado o *Buda*, importante lembrar que este não é o nome de uma pessoa, embora seja, comumente, usado como tal, mas sim um título. Portanto, o primeiro a ter o título *Buda*, que significa o Iluminado (ou o Desperto) foi Sidharta Gautama. Na mensagem a autora utiliza o nome pessoal de *Buda*, por ser assim mais conhecido.

Sidharta Gautama (556 a.C. [há divergências quanto à data] – 483 a.C.) nasceu em Kapilavastu, capital de um pequeno reino próximo ao Himalaia, na atual fronteira do Nepal. De família aristocrata, com instrução acima do comum para sua época, ficou chocado com a miséria, a fome e o flagelo dos ascetas, que se mortificavam em jejum rigoroso.

Através da meditação, em busca de explicações para o enigma da vida, estabeleceu as verdades para se chegar à sabedoria. Criou o budismo, doutrina religiosa, filosófica e espiritual. Um aspecto do budismo é que Sidharta Gautama afirma não ser necessário um intermediário entre um ser superior e as pessoas. Dentre as religiões mundiais, o budismo é considerado incomum por ser uma religião não teísta.

O outro vulto citado, Sócrates, o famoso filósofo grego, nasceu em Atenas em 469 a.C. e faleceu em 399 a.C., tornou-se um dos principais pensadores da Grécia Antiga. Considerado por seus contemporâneos como o homem mais sábio e inteligente do país, fundou o que hoje se denomina por Filosofia ocidental. Seus primeiros estudos e pensamentos tratam da essência e da natureza da alma humana.

Sócrates transmitia o conhecimento através de perguntas, procurando encorajar, naqueles que o ouviam, uma compreensão mais clara e fundamental sobre o assunto discutido, e se definia como "parteiro de ideias". Entendia que o conhecimento está dentro das pessoas, que são capazes de aprender por si mesmas, e dizia que poderia ajudar no nascimento desse conhecimento. Por isso o método de ensino de Sócrates é conhecido por *maiêutica*, que provoca o "parto de ideias".

Para o Espiritismo, Sócrates e seu principal discípulo, Platão, integram a equipe do Espírito de Verdade e assinam ao lado de outros vultos superiores, os *Prolegômenos*, na abertura de *O Livro dos Espíritos*. Em *O Evangelho segundo o Espiritismo* (FEB, 2004), Allan Kardec apresenta na *Introdução* um resumo da doutrina de Sócrates e Platão, apresentando-os como precursores da ideia cristã e do Espiritismo.

E, finalmente, o terceiro vulto e o maior de todos, Jesus, que a Doutrina Espírita explica ser o Governador espiritual da Terra, porém, segundo Joanna de Ângelis, é também o Governador do Sistema Solar. Nos seus comentários, ela faz uma alusão à passagem de João, 8: 32, que registra a palavra do Mestre: "Conhecereis a verdade e a verdade vos libertará". Observemos a seguir:

"Jesus ensinou-te que somente a Verdade pode libertar o Espírito das tenazes que o asfixiam e o levam ao desequilíbrio.

"Essa Verdade, porém, dorme no mundo íntimo de todos, necessitando que cada qual se esforce por fazê-la fluir abundante em contato com o amor, que é o único antídoto ao egoísmo destrutivo, que escraviza os seres que se lhe deixam conduzir."

Os dois parágrafos acima, construídos de maneira primorosa, pois se no primeiro é ressaltada a Verdade que liberta o ser humano, trazida por Jesus, no segundo, a autora espiritual alude ao despertar que Sidharta Gautama, o *Buda*, propicia e também aos valores éticos e virtudes, como o amor, antídoto do egoísmo, remetendo-nos às lições de Sócrates. Isto nos leva a refletir, em nossa condição evolutiva, o quanto temos ainda o pensamento engessado por ideias ultrapassadas, obsoletas e, infelizmente, comprometedoras. Somos escravos de nossos próprios pensamentos, mas a Misericórdia Divina procura, em todos os tempos, alertar-nos, tornando-nos conscientes e lúcidos no tocante à nossa real situação a fim de acordar-nos do letargo em que nos aprisionamos ao longo dos milênios.

Nessa superior condição do Cristo de Deus, podemos observar a grandiosa programação espiritual destinada a abrir os diques mentais da Humanidade, ao enviar, em diferentes épocas, esses vultos luminosos que se sobressaem exatamente por tudo o que realizam na busca da espiritualização do ser humano. A mentora desfia, então, ponto por ponto, as ligações existentes entre eles, no exemplo dado, convidando o leitor a assimilar os conteúdos de sabedoria que esparzem gradualmente, de acordo com cada época e lugar.

Oportuno, a esta altura, considerar, igualmente, o próprio título da mensagem, *Faze o mesmo*, que remete a uma das parábolas mais citadas de Jesus, a do *Bom samaritano*, que relembramos resumidamente, conforme Lucas, 10: 25 a 37.

Um doutor da lei indaga a Jesus o que deveria fazer para herdar a Vida eterna. Ele responde com outra pergunta: *O que*

LETARGO
(M.q. Letargia)
Estado de profunda e prolongada inconsciência, semelhante ao sono profundo, do qual a pessoa pode ser despertada, mas ao qual retorna logo a seguir.

está escrito na lei? O homem cita então o mandamento maior, ao que Jesus diz: *Faze isso e viverás.* Mas o doutor da lei, querendo parecer que era justo, diz a Jesus: *E quem é o meu próximo?* Em resposta, o Mestre narra que um homem descia de Jerusalém para Jericó e caiu nas mãos de assaltantes que tiraram todos os seus pertences, e depois de o espancarem, fugiram, deixando-o quase morto. Pelo mesmo caminho passaram um sacerdote e um levita que, vendo-o naquele estado, nada fizeram, prosseguindo em frente.

> *"– Mas, um samaritano que viajava, chegando ao lugar onde jazia aquele homem e tendo-o visto, foi tocado de compaixão. Aproximou-se dele, deitou-lhe óleo e vinho nas feridas e as* **pensou**; *pondo-o no seu cavalo, levou-o a uma hospedaria e cuidou dele. No dia seguinte, tirou dois denários e deu-os ao hospedeiro, dizendo: Cuida dele, e o que despenderes a mais, eu te pagarei quando regressar. Qual desses três te parece ter sido o próximo daquele que caíra em poder dos ladrões? – O doutor respondeu: Aquele que usou de misericórdia para com ele. – Então, vai, diz Jesus, e faze o mesmo."*

PENSAR
Aplicar curativo; cuidar ou tratar.

Faze o mesmo! Quantas vezes os ensinamentos do Cristo convidam-nos a seguir-Lhe os exemplos? Em cada passagem está implícito o convite permanente, e nesta narrativa acerca do bom samaritano, sem entrar nos demais excelentes significados que ela propõe, enfatizamos a compaixão e a caridade. O primeiro impulso para exercer a caridade legítima é o toque mágico da compaixão, que desperta no mundo íntimo da criatura o pesar diante do sofrimento alheio, uma empatia que a leva a pensar: *E se fosse comigo? Se eu estivesse nessa situação tão sofrida? Como eu gostaria de ser tratado, que palavras gostaria de ouvir?* Cada um saberá a resposta em seu mundo íntimo.

Joanna de Ângelis repete, por sua vez, o convite para o exercício de amar *"a quantos se te acerquem onde estejas e confor-*

me te encontres", trazendo o exemplo desses *"mestres do conhecimento, da experiência e do Reino dos Céus"*, para que o mundo os redescubra, vencendo as sombras que se embrenharam por quase todos os cantos.

Utilizando-se de uma bela imagem, a mentora afirma:

"Desfigurada, no entanto, a Sua mensagem, conforme Ele já o esperava, prometeu que voltaria em forma de legião de estrelas luminíferas do mundo espiritual, para recordar-Lhe os ensinamentos, apresentarem novas revelações e ficarem para sempre no coração dos seres humanos."

Jesus deixou bem claro que voltaria, ao fazer a promessa do *Consolador* (João, 14: 15 a 26), antevendo que a Sua mensagem seria desfigurada, adulterada e esquecida. Eis que quase dois mil anos depois, a promessa se cumpre, quando uma "legião de estrelas luminíferas" do mundo espiritual aproximou-se do plano físico a fim de recordar-Lhe os ensinamentos, ao tempo em que traziam também novas revelações. Dentre as estrelas, estava o ilustre Professor Hippolyte Léon Denizard Rivail, o missionário da Terceira Revelação, que assumiu o pseudônimo de Allan Kardec a partir do lançamento de *O Livro dos Espíritos*, em 1857, em Paris.

Instantaneamente recordo do Prefácio de *O Evangelho segundo o Espiritismo*, cuja transcendental beleza logo é sentida, quando diz em seu primeiro parágrafo:

"Os Espíritos do Senhor, que são as virtudes dos Céus, qual imenso exército que se movimenta ao receber as ordens do seu comando, espalham-se por toda a superfície da Terra e, semelhantes a estrelas cadentes, vêm iluminar os caminhos e abrir os olhos aos cegos."

Para que essa programação divina se revelasse e fosse concretizada em suas bases inamovíveis, Allan Kardec contou com

JOANNA DE ÂNGELIS

uma equipe de alto gabarito espiritual, que atuava nos dois planos da vida, o espiritual e o físico, visto que a volta de Jesus ocorreria através do intercâmbio entre os dois mundos, o que a princípio, em seu trabalho de pesquisas, o Professor Rivail ainda não percebera o seu elevado alcance. Contou para isso com um esplêndido exército de integrantes do superior projeto, desde os precursores, que foram reencarnando, sobretudo, a partir da Idade Média, todos eles "trabalhadores das ideias", na feliz expressão de Emmanuel (*Palavras de Vida Eterna*, 1964. Editora CEC: Uberaba, cap. 123), fermentaram ideias realmente, desconstruindo arcaicas posições mentais que, gradativamente, deram lugar às novas construções de pensamentos, abrindo os horizontes para que o Consolador se instalasse em futuro bem próximo.

Interessante que esse exército não se desfaz com o tempo e, por isso, estava atuante séculos depois quando do advento do Espírito de Verdade, e, "semelhantes a estrelas cadentes", cercaram de luz e sustentação o trabalho que Allan Kardec realizaria, como de fato aconteceu em plenitude de bênçãos. Estrelas se corporificavam, e como médiuns operosos participaram da programação elaborada pelo Cristo, tanto quanto os íntegros investigadores que deram credibilidade aos fenômenos que ocorriam por toda parte, como se houvesse mesmo um

RASTILHO
Rasto, pista, pegada.

rastilho estelar como jamais havia sido constatado.

Assim, em fins de 1868, os cinco livros básicos do Espiritismo haviam sido lançados, juntamente com a Revista Espírita, e a Codificação tomava, então, o seu caminho. No início de 1869, em 31 de março, Allan Kardec foi chamado, por Jesus, para que retornasse à Pátria espiritual. A Doutrina Espírita estava consolidada em seus fundamentos. O Consolador seguiria o seu curso e, como diz Joanna de Ângelis, *"ficaria para sempre no coração dos seres humanos."*

As informações espirituais prosseguem, num crescendo, porque a verdade vai sendo desvelada suavemente, numa lógica insuperável, porque fala à razão e propõe o estudo, a reflexão e, simultaneamente, a transformação moral, passo mais difícil este de ser realizado. Portanto, ela adverte quanto a nossa conscientização a respeito dos novos conhecimentos, reafirmando os compromissos daqueles que conhecem Jesus e já se inteiraram do seu Evangelho de luz, legando-nos exemplos do amor em plenitude para o nosso aprendizado de amar.

Vai e faze o mesmo – convida Jesus.

• • •

OS ESPÍRITOS DO SENHOR, QUE SÃO AS VIRTUDES DOS CÉUS, QUAL IMENSO EXÉRCITO QUE SE MOVIMENTA AO RECEBER AS ORDENS DO SEU COMANDO, ESPALHAM-SE POR TODA A SUPERFÍCIE DA TERRA E, SEMELHANTES A ESTRELAS CADENTES, VÊM ILUMINAR OS CAMINHOS E ABRIR OS OLHOS AOS CEGOS.

CONEXÃO FELIZ

9

DESDE O MOMENTO DO DESPERTAR, APÓS A noite de repouso, vincula-te a Deus através da prece de agradecimento.

Mesmo que tenhas compromisso imediato e o tempo se te apresente escasso, poderás dispor de alguns minutos para agradecer ao Celeste Pai a bênção que desfrutaste.

Concomitantemente, recorda que a tua existência é uma dádiva preciosa, uma oportunidade superior para o processo de crescimento interior e que necessitas vivenciar de maneira edificante, sem as perturbações do passado nem as inquietações do futuro.

Sabes que não te encontras a sós e que és custodiado por nobres mensageiros espirituais que são encarregados de auxiliar-te no investimento material.

Atentos, acompanhando-te, inspiram-te e induzem-te à aquisição do melhor, de tudo quanto poderá contribuir para o teu crescimento íntimo. Nem sempre, porém, em face do tumulto que te permites, às distrações a que te entregas, ao cansaço que te toma o corpo e a mente, não consegues captar-lhes as emissões sutis e protetoras do pensamento.

Indispensável criares o hábito de pensar no teu Anjo da guarda, concedendo-lhe espaço psíquico e emocional para o intercâmbio que te facultará sustentação em todas as circunstâncias.

Nunca há escassez de socorro espiritual, tendo-se em vista que as leis que regem o Universo são centradas no amor do Pai Criador.

Mergulhado nos fluidos anestesiantes da matéria, o Espírito encarnado divorcia-se da sua condição original, ficando-se no mundo objetivo, sem flexibilização para a conexão transcendente.

Cria o hábito salutar de pensar na realidade espiritual e passarás a senti-la.

Quanto maior seja o tempo de que disponhas para este mister e o ofertes, mais sensibilidade acurada te permitirá perceber, registar e viver.

Os teus guias espirituais encontram-se a postos para ajudar-te.

Favorece-os com a tua receptividade, mantendo-te vinculado psiquicamente com eles.

Com certeza eles não poderão evitar os testemunhos, os resgates morais que deverás cumprir, no entanto, dar-te-ão forças para os enfrentamentos, inspiração para que o mal não te perturbe nem os maus te aflijam.

Proporcionar-te-ão serenidade, ao tempo em que transmitirão energias saudáveis que propiciam o bem-estar e a paz.

Anota na tua agenda de compromissos diários a vinculação com o Pai e a ligação com esses anjos do amor que anelam por servir, e estão trabalhando em favor de melhores condições para o processo iluminativo das criaturas humanas.

•

Vives inquieto, vitimado por preocupações desnecessárias que haures nos anseios de conquistas materiais, de soluções de problemas vergastadores e de frustrações angustiantes.

Em vez de permitir-te desânimo ou ira, pessimismo ou revolta, silencia as ansiedades do coração e ora com fervor.

> **MISTER**
> Ofício, necessidade, precisão, exigência.

> **ANELAR**
> Desejar ardentemente; ansiar, almejar, aspirar.

> **HAURIR**
> Extrair, colher; sorver.

> **VERGASTAR**
> Chicotear, chibatar, açoitar.

Não te preocupes com as palavras que articularás, nem imponhas o que consideras como tuas necessidades urgentes para que sejam solucionadas pelos Céus. Se o fossem, não crescerias, não desenvolverias valores que estão adormecidos e aguardam o momento próprio para o despertamento.

O que, neste momento, se te afigura como desastroso é o prólogo de edificações que realizarás no futuro.

A prece é uma conversação da alma com o Pai de maneira agradável e positiva.

À medida que ocorre, proporciona inefável alegria, tranquilizando as ansiedades da emoção em desgoverno. Embora seja um recurso de solicitação, também tem o sentido de louvor, de gratulação por tudo quanto acontece no desenvolvimento espiritual dos seres.

Concede às preocupações o tempo realmente necessário para o comportamento a seu respeito. Nem sempre acontecem as ocorrências conforme são esperadas.

Expectativas de desconforto, de litígio, de prazer, de sucesso, não poucas vezes, apresentam-se opostas ao aguardado.

Nos movimentos infinitos da vida, tudo se modifica de um para outro momento. Enquanto uns indivíduos nascem e renascem, outros desencarnam, alguns sorriem muitos choram, ou vice-versa, diversos triunfam e incontáveis naufragam, a dor espezinha expressivo número e a saúde triunfa em inumeráveis... Tudo passa e cede lugar a novas experiências. Não há imobilidade em lugar algum.

Se conseguires a sintonia com os teus guias espirituais, serás mais afável e jovial, porque irradiarás a energia que deles se desprende em teu benefício.

Perceberás melhor a finalidade de todas as ocorrências durante o teu existir e saberás conduzir a barca em que navegas na direção correta do porto da paz.

AFIGURAR
Dar a impressão de; assemelhar, aparentar, parecer.

GRATULAR
Felicitar, parabenizar; agradecer, manifestar gratidão.

LITÍGIO
Conflito de interesses; contenda, pendência.

ESPEZINHAR
Apezinhar, pisotear; ofender, humilhar.

AFÁVEL
Delicado; amável, cortês.

Notarás que rejuvenesces e a alegria de viver faz-se presente em todas as horas, mesmo naquelas assinaladas por preocupações inevitáveis que fazem parte do processo de evolução.

Não exteriorizarás vibrações morbíficas que estimulam o surgimento e multiplicação das viroses desgastantes que vêm dizimando a sociedade, vítima dos ódios, das más notícias e dos crimes, ao lado do terrível pessimismo que se alastra.

MORBÍFICA
Morbígeno; que origina, que causa doença.

Restaura a tua saúde mediante o comportamento espiritual.

Aspirando paz e segurança em Deus, nutrir-te-ás de forças para a harmonia celular e o equilíbrio emocional, fatores essenciais para a saúde real.

•

Sempre que solicitado a curar alguém, o Mestre inquiria o paciente se acreditava n'Ele, se desejava realmente recuperar-se, o que parecia óbvio.

Essa atitude justificava-se, porque nem todos enfermos legitimamente desejam a saúde... Com a doença manipulam familiares e amigos, buscam compaixão em vez do amor, desfrutam de ociosidade.

Quando se quer, é diferente, igual a quando se crê, pois que, então, se está disposto à luta e à renovação, ao trabalho de edificação e de liberdade.

Assim procedendo, mantém-te vinculado a Deus, desde o despertar pela manhã, e a tua existência será aureolada pela paz.

• •

Prece, conexão com a mente divina

No conturbado oceano de vibrações mentais negativas, desequilibradas, em que grande parte da Humanidade se encontra mergulhada, os momentos de prece, de comunhão com o Pai Celestial, abrem clareiras de luz, de paz e de reconforto, oxigenando a sombria psicosfera terrena, ao tempo em que são extremamente benéficos para quem ora...

Muito oportuna, portanto, a recomendação plena de sabedoria de Joanna de Ângelis quanto ao cultivo da prece, enaltecendo-a como uma conexão feliz com o Pai Celeste quando proferida com sentimento e unção.

Como muito claramente elucida Allan Kardec, todos os seres encarnados e desencarnados encontram-se mergulhados no fluido universal tal como estamos na atmosfera. Esse fluido é veículo do pensamento e as suas vibrações se estendem ao infinito. Assim, se o pensamento é dirigido *"para um ser qualquer, na Terra ou no espaço, de encarnado para desencarnado ou vice-versa, uma corrente fluídica se estabelece entre um e outro, transmitindo de um ao outro o pensamento, como o ar transmite o som."* (KARDEC, Allan. *O Evangelho segundo o Espiritismo*. FEB, 2004 – 2ª edição comemorativa especial.)

Através das eras o ser humano tenta comunicar-se com as potências superiores, a princípio pelo temor e mais adiante por meio de diferentes formas de adoração, que expressam as várias fases evolutivas da Humanidade. Muitos rituais foram sendo criados na tentativa de agradar ao Poder Supremo, e, à medida que o ser alcança maior progresso intelectual, passa a ter uma noção diferente, concluindo que para uma comunicação melhor deveria procurar "conversar" com Deus, apresentando seus pedidos, promessas, propondo trocas, em conformidade com o nível de entendimento de cada povo e de cada época.

A nobre autora espiritual, em outras obras ditadas ao médium Divaldo Franco, disserta acerca da oração, visando a estimular as criaturas a adotar essa importante prática em sua vida. No livro *Rejubila-te em Deus* (LEAL, 2013, 1ª ed.), no capítulo intitulado *A psicologia da oração*, encontramos rica fonte de ensinamentos, ampliando sempre mais o entendimento sobre o poder que está ao alcance de quem o desejar. No texto a seguir, ela explana:

"Todos os seres transitam vibratoriamente em faixas especiais que correspondem ao seu nível evolutivo, ao estágio intelecto--moral, às aspirações e atos, nos quais se alimentam e constroem a existência.

A oração é o mecanismo sublime que permite a mudança de onda para campos mais sensíveis e elevados do Cosmo.

Orar é ascender na escala vibratória da sinfonia Cósmica. (...)

Inicialmente, orar é abrir-se ao amor, ampliar o círculo de pensamentos e de emoções, liberar-se dos habituais e viciosos, a fim de criar-se novos campos de harmonia interior, de forma que todo o ser beneficie-se das energias hauridas durante o momento especial.

A melhor maneira de alcançar-se esse parâmetro é racionalmente louvar-se a Divindade, considerar-se a grandeza da Criação, permitir-se vibrar no seu conjunto, como Seu filho, assimilar as incomparáveis concessões que constituem a existência.

Considerar-se membro da família universal, tendo em vista a magnanimidade do Pai e sua inefável Misericórdia, enseja àquele que ora o bem-estar que propicia a captação das energias saudáveis da Vida." (FRANCO, Divaldo; ÂNGELIS, Joanna [Espírito]. *Rejubila-te em Deus.* Salvador, 1ª ed., LEAL, 2013, cap. 8, p. 50.)

Convém observar que a mentora, no texto em análise, a certa altura, enfatiza ser a existência uma oportunidade para o crescimento interior e que *"necessitas vivenciar de maneira edificante, sem as perturbações do passado nem as inquietações do futuro."*

A questão das perturbações do passado, seja este de reencarnações remotas ou próximas, deve ser considerada tendo em vista que, embora inconscientemente, pode interferir na vida presente ressumando como sensação difusa de alguma culpa que a criatura não consegue identificar, todavia expressando-se como depressão e/ou fobias variadas, dependendo da gravidade dos atos do pretérito. Entretanto, reconhecer a importância da nova experiência física como um momento de restauração de seu mundo interior é fundamental, dela extraindo os benefícios que proporciona, ao mesmo tempo compreendendo que abre perspectivas de esperanças para aquisição de valores imprescindíveis que irão sedimentar o futuro promissor.

Joanna de Ângelis alerta sobre as dificuldades da reencarnação para o Espírito, quando afirma:

"Mergulhado nos fluidos anestesiantes da matéria, o Espírito encarnado divorcia-se da sua condição original, fixando-se no mundo objetivo, sem flexibilização para a conexão transcendente."

Realmente a vida física, embora impermanente e fugaz, acarreta para o Espírito reencarnado a ilusão de que é imprescindível aproveitar, de todas as formas, os prazeres que oferece, devido ao fato de que estes se apresentam, muito frequentemente, como sedutores e convidativos, anestesiando o raciocínio, na maioria dos casos, todavia, com as exceções compreensíveis.

Em nossos dias a mídia se encarrega de lançar propagandas constantes que realçam a sedução e as conquistas que resultam desse tipo de comportamento, fascinando desde as crianças, os jovens, os adultos e até os mais idosos, sobretudo porque estes imaginam usufruir o que não lhes foi possível quando mais jovens.

Pode-se observar que o objetivo da mensagem em análise é o de ressaltar a excelência da prece e sua extrema necessidade com vistas ao Espírito imortal, estando ele reencarnado ou na pátria espiritual; por outro lado, confirma a presença constante do anjo da guarda e dos Espíritos protetores na vida de cada um, conforme assinala o codificador, em *O Céu e o Inferno* (FEB, 1982, 28ª ed.), quando registra o notável Código penal da vida futura:

*"Quaisquer que sejam a inferioridade e perversidade dos Espíritos, **Deus jamais os abandona.** Todos têm o seu anjo de guarda (guia) que por eles vela, na persuasão de suscitar-lhes bons pensamentos, desejos de progredir e, bem assim, de espreitar-lhes os movimentos da alma, com o que se esforçam por reparar em uma nova existência o mal que praticaram. Contudo, essa interferência do guia faz-se quase sempre ocultamente e de modo a não haver pressão, pois que o Espírito deve progredir por **impulso da própria vontade,** nunca por qualquer sujeição."* (Grifos no original) (KARDEC, Allan. *O Céu e o Inferno*. FEB, 1982, 28.ª ed. – Cap. 7, 1ª parte, item 20.)

Ampliando os conceitos, a autora enfatiza que:

"A prece é uma conversação da alma com o Pai de maneira agradável e positiva.

À medida que ocorre, proporciona inefável alegria, tranquilizando as ansiedades da emoção em desgoverno. Embora seja um recurso de solicitação, também tem o sentido de louvor, de gratulação por tudo quanto acontece no desenvolvimento espiritual dos seres."

Para os indivíduos espiritualizados, que já despertaram para a realidade transcendental, orar não é um ato, e sim uma atitude. **Orar seria como a respiração da alma,** é o ser humano consciente de sua essência espiritual buscando a comunhão com o Pai, numa atitude perante a vida que transcende os parâmetros comuns, reconhecendo-se como cidadão do universo, integrante da grande família cósmica.

Muitos cientistas e médicos da atualidade reconhecem o valor e poder da prece para a saúde física, mental e espiritual do ser humano.

Emmanuel, evidenciando o poder da oração, assevera:

"Orar é identificar-se com a maior fonte de poder de todo o Universo, absorvendo-lhe as reservas e retratando as leis da renovação permanente que governam os fundamentos da vida. (...)

Dispomos na oração do mais alto sistema de intercâmbio entre a Terra e o Céu.

Pelo divino circuito da prece, a criatura pede o amparo do Criador, e o Criador responde à criatura pelo princípio inelutável da reflexão espiritual, estendendo-lhe os braços eternos, a fim de que ela se erga dos vales da vida fragmentária para os cimos da Vida Vitoriosa." (XAVIER, Francisco; Emmanuel [Espírito]. *Pensamento e Vida*. FEB, 1991, 9ª ed., cap. 26.)

Fico a pensar a grandeza do Criador, que possibilita aos Seus filhos um canal de comunicação com Ele próprio, pelo fio luminoso da prece, que entretanto deve ser proferida límpida e profunda, sem a "estática" de ruídos estranhos nas conhecidas exigências que Lhe são propostas, barganhas inoportunas que acabam por "cortar a ligação", correndo o risco de "cair na escuta de Espíritos "mal-intencionados". Em decorrência, aprendemos igualmente que não é adequado ficarmos em constantes petitórios, tentando uma conexão com esta finalidade a todo instante, o que nem sempre se consegue, pela ausência ou impossibilidade de "estações repetidoras", que são os Espíritos do Senhor encarregados de retransmitir os pedidos da grande família universal e atendê-los em Seu nome.

> **PETITÓRIO**
> Petição; parte da petição inicial em que se formula o pedido.

Alerta-nos a mentora espiritual:

"Não exteriorizarás vibrações morbíficas que estimulam o surgimento e multiplicação das viroses desgastantes que vêm dizimando a sociedade, vítima dos ódios, das más notícias e dos crimes, ao lado do terrível pessimismo que se alastra."

Eis que ela chama a atenção para que haja muito cuidado com relação aos pensamentos negativos e vibrações mórbidas, pois a frequência nesses estados mentais abre campo para a instalação de viroses diversas, que são respostas do organismo em face da absorção do lixo mental que bombardeia as mentes habituadas a acompanhar o farto.

O noticiário de todos os dias, lançando ao público, ávido de escândalos, os crimes, as más notícias de todo o mundo, os ódios e loucuras perversas infringidos ao próximo, que provocam nos indivíduos o terrível pessimismo que se alastra por contágio nas multidões divorciadas do sentido maior da vida terrena e da espiritual.

E acrescenta a benfeitora:

Restaura a tua saúde mediante o comportamento espiritual.

Aspirando paz e segurança em Deus, nutrir-te-ás de forças para a harmonia celular e o equilíbrio emocional, fatores essenciais para a saúde real.

Em outra obra de sua autoria, *Convites da Vida* (LEAL, 2012, 10ª ed.), Joanna de Ângelis escreve que a oração é:

"(...) Antídoto a qualquer mal, a pausa refazente em que o Espírito aturdido salta as barreiras impeditivas colocadas pelas turbações de toda ordem, a fim de alcançar as usinas inspirativas do Mundo do Excelso." (FRANCO, Divaldo; ÂNGELIS, Joanna [Espírito]. *Convites da vida*. Salvador, 10ª ed., LEAL, 2012.)

Nestes dias em que as estatísticas apresentam a crescente onda de assaltos e crimes hediondos, quando nos deparamos com notícias realmente assustadoras, cresce a preocupação das criaturas devido à sensação de insegurança que gera o temor de sair às ruas, tanto nas grandes metrópoles quanto em cidades de menor porte, preocupação esta que é ainda maior com relação às crianças, levando as famílias a tentar protegê-las de todas as maneiras possíveis. Neste sentido, é cada vez mais indicada a oração, como forma de se manter não apenas a confiança na proteção divina, como também de proporcionar instrumentos vibratórios de defesa àquele que ora diariamente e com fervor, propiciador de sintonia com o Alto.

Pensando no poder da prece e em sua eficácia, é recomendável orar no momento em que abrimos a porta de nossa casa para ganhar a via pública, porque ao fazê-lo, com consciência e fé, estabelecemos uma ligação com os amigos espirituais, ao tempo em que nosso padrão vibratório mais elevado se irá refletir no campo de nossa aura, como um escudo de defesa ao nosso alcance. Entretanto, afirmamos que, mesmo assim, se algo mais grave acontecer, se estiver no quadro provacional da criatura, esta terá a seu favor a proteção espiritual imprescindível que atenuará o momento difícil, além da certeza de que o amparo maior está presente, transmitindo calma e forças benéficas para quaisquer ocorrências que se apresentem.

Importa refletir nas sempre sábias explicações de Léon Denis, em sua magistral obra *Depois da Morte* (FEB, 1978. 10ª ed.), quando se refere ao alcance da prece numa comparação com a pedra atirada às águas, fazendo com que a superfície comece a vibrar em ondulações concêntricas, como a seguir explana:

"Assim também o fluido universal vibra pelas nossas preces e pelos nossos pensamentos, com a diferença de que as vibrações das águas são limitadas, enquanto que as do fluido universal se sucedem ao infinito.

Todos os seres, todos os mundos estão banhados nesse elemento, assim como nós o estamos na atmosfera terrestre. Daí resulta que o nosso pensamento, quando é atuado por grande força de impulsão, por uma vontade perseverante, vai impressionar as almas a distâncias incalculáveis. Uma corrente fluídica se estabelece entre umas e outras e permite que os Espíritos elevados nos influenciem e respondam aos nossos chamados, mesmo que estejam nas profundezas do espaço." (DENIS, Léon. *Depois da Vida.* FEB, 1978, 10ª ed.)

Jesus legou à Humanidade a mais bela e perfeita prece quando proferiu o Pai-nosso, conforme Mateus, 6: 9 a 13, modelo de síntese que abrange todas as questões da vida do Espírito imortal, que deve ser dita por cada um de forma consciente na importância das frases que a constituem, e de maneira plena de fé e alegria por ser a comunhão com o Pai Celeste.

Em suas palavras finais, Joanna de Ângelis aconselha:

"*Aspirando paz e segurança em Deus, nutrir-te-ás de forças para a harmonia celular e o equilíbrio emocional, fatores essenciais para a saúde real. (...)*

Assim procedendo, mantém-te vinculado a Deus, desde o despertar pela manhã, e a tua existência será aureolada pela paz."

• • •

RESTAURA A TUA SAÚDE MEDIANTE O COMPORTAMENTO ESPIRITUAL. ASPIRANDO PAZ E SEGURANÇA EM DEUS, NUTRIR-TE-ÁS DE FORÇAS PARA A HARMONIA CELULAR E O EQUILÍBRIO EMOCIONAL, FATORES ESSENCIAIS PARA A SAÚDE REAL.

10

JOVIALIDADE

A EXPRESSÃO JOVIALIDADE PROVÉM DE *JOVIS* (Júpiter) como uma especial virtude do comportamento humano, traduzindo bem-estar, alegria de viver, amabilidade e ternura ante as dificuldades e desafios existenciais.

Semelhante à inocência, a jovialidade é a capacidade que permite a integração da criatura no cosmo social, tornando-a diferente e especial.

É uma qualidade moral que se adquire mediante a eliminação das mazelas defluentes do largo processo da evolução do Espírito, durante as multifárias experiências de ordem ascensional.

O ser jovial é alegre, não porém ruidoso, nem portador das expressões temperamentais dos júbilos vulgares ou das condutas transtornadas daqueles que se comprazem em alegrar os outros utilizando-se da extravagância e do ridículo.

A jovialidade irradia beleza e ternura, cativa sem palavras e modifica o ambiente onde se manifesta.

Nunca se arma de censura ou se comporta com suspeita, por ser espontânea e confiante.

Gentil, comunica-se com facilidade, qual fonte cristalina que dessedenta sem nada solicitar.

No contubérnio das tribulações humanas é comum as pessoas sentirem-se empurradas para a sombra, a exclusão ou a agressividade, a revolta, ambas geradoras de violência e destruição.

DESSEDENTAR
Matar a sede; refrescar, saciar.

CONTUBÉRNIO
Convivência, coabitação; familiaridade, intimidade.

Sendo raras as condutas de cortesia e de afabilidade, sentem-se estranhos aqueles que são dóceis e afáveis, joviais e amigos, ocultando os sentimentos elevados com medo das reações do grupo no qual se encontram localizados para o processo de crescimento interior.

Em consequência, escasseia a jovialidade entre os indivíduos na convivência social.

Quando, porém, a jovialidade desponta em qualquer lugar, a paisagem torna-se iridescente e encantadora, adornada pela musicalidade do amor.

IRIDESCENTE
Que tem ou reflete as cores do arco-íris.

A ascensão do Espírito aos sublimes patamares da abnegação e do holocausto dá-se mediante os passos seguros da jovialidade.

Quem a cultiva, vivencia a alegria saudável e sem jaça, supera a desconfiança e as torpes acusações, os conflitos e os medos.

Freud afirmava que *o complexo mais difícil de ser integrado é o complexo da morte.*

Ele próprio sofreu-o na carne, quando da desencarnação da filha Sophie.

A jovialidade, porém, vence a morte, porque sabe que a vida é indestrutível e todos avançam para a conquista da plenitude na imortalidade.

•

Exercita a jovialidade.

Enriquece-te de pensamentos joviais e fraternos, libera-te de suspeitas e animosidades.

Desarma-te em relação ao teu próximo, não permitas que os teus conflitos interfiram na confiança que nele deves depositar.

Há problemas de relacionamento que são mais teus do que do teu irmão, a quem transferes a responsabilidade pelo insucesso da amizade. Sempre é fácil apontar o erro do outro, pela predominância do *ego* doentio sobre o *Self* que deverá triunfar na existência.

Não te suponhas perseguido nem invariavelmente incompreendido, somente porque não conseguiste o que desejavas.

A verdadeira afeição não é aquela que conive com os disparates e exigências apresentadas, mas a que tem a coragem de negar e de esclarecer sem culpa nem medo.

> **CONIVENTE**
> Que ou quem é cúmplice; complacente, condescendente.

Mediante o exercício da alegria ingênua e pura, do contato com as manifestações simples da Natureza, com os gestos e ações de pessoas afetuosas, conseguirás adquirir a jovialidade.

Mesmo que sejas agredido, mantém-te jovial e cândido.

> **CÂNDIDO**
> Que apresenta pureza, inocência.

Não há força do mal que resista à compaixão e ao comportamento da jovialidade.

Não permitas que o morbo do pessimismo que grassa, que contamina a sociedade encontre receptividade em ti.

> **MORBO**
> Condição doentia; enfermidade, moléstia.

Imunizando-te com a jovialidade, respirarás em clima de bem-estar, e impregnarás outras pessoas do prazer que sentes de viver.

Quando os primeiros discípulos de São Francisco visitaram o Japão, passaram a cuidar dos hansenianos, que eram odiados e massacrados sem a menor piedade.

> **HANSENIANO**
> Que ou aquele que tem hanseníase; leproso.

Jovialmente, eles prosseguiram optando pelos irmãos vitimados pelo terrível mal, defendia-os, limpava-os, até que os japoneses, cansados de os matar, perguntaram-lhes qual a razão daquela estranha escolha.

Eles responderam, simplesmente: – *Porque eles são nossos irmãos, conforme nos ensinou Jesus Cristo.*

Somente então passaram a falar sobre o Mestre e Sua doutrina, desse modo conquistando incontáveis filhos do *império do Sol nascente.*

Nunca reprocharam aqueles costumes bárbaros nem os seus executores.

Jovialmente prosseguiram no seu dever, na sua eleição de amor incondicional.

A jovialidade poderá salvar o mundo moderno do fosso em que se atirou.

•

Jesus sempre manteve a jovialidade em todas as circunstâncias, mesmo quando acusado de maneira perversa, sem uma palavra de agressividade.

O encantamento da Sua jovialidade, que era praticamente desconhecida no Seu tempo de brutalidade e competição, arrastava as multidões e as impregnava do magnetismo da doçura que as harmonizava.

Sempre estava n'Ele essa irradiação penetrante de que todos necessitam, nos gestos como nas ações, repassados de compreensão das dificuldades alheias e dos processos afáveis para resolvê-las.

Treina a jovialidade em pequenas ocorrências e, passo a passo, avança na sua conquista total.

Bem-aventurados os joviais, porque serão felizes desde hoje, assim também pelos infinitos roteiros da imortalidade!

• •

Os infinitos roteiros da imortalidade

Allan Kardec refere-se à Ciência do Infinito na *Introdução* de *O Livro dos Espíritos* (FEB, 2006, Edição Comemorativa do Sesquicentenário, It. XIII) e, de imediato, chamou-me a atenção o profundo e belo significado dessa afirmativa do codificador. O mesmo aconteceu ao ler a mensagem de Joanna de Ângelis, que, em sua frase final, menciona "os infinitos roteiros da imortalidade". São duas claras evidências do que cada Espírito tem em si mesmo: a imortalidade e a evolução.

Em outro momento do texto em análise, ela enfatiza que o *Self* irá triunfar na existência de cada ser humano, abrindo assim a perspectiva do processo evolutivo, que lentamente começamos a entender nos seus infinitos roteiros.

Portanto, cultivar a jovialidade é escolha pessoal daquele que está caminhando na busca dos cimos da felicidade real e definitiva, que só na maturidade espiritual irá alcançar.

CIMO
A parte superior de uma coisa; a parte de cima; alto, topo.

Observemos os idosos nesses tempos modernos, em sua maioria, apresentam-se joviais, alegres, bem-dispostos, o que tem contribuído para que a sociedade os veja como indivíduos participativos, muitos dos quais retornam ao mercado de trabalho, atestando competência e responsabilidade. Entretanto, a jovialidade espiritual abrange aspectos mais profundos, visto que não é apenas aparência, como muitos querem fazer acreditar, porém decorrente de experiências que se somam na fieira das reencarnações.

JOANNA DE ÂNGELIS

Os espíritas, especialmente, temos todos os motivos para expandir alegria e bom humor, já que recebemos do Plano Maior os ensinamentos que o Espiritismo proporciona, desvendando-nos os arcanos da espiritualidade, ao tempo em que expõe as diretrizes da Terceira Revelação, preparando a Humanidade para a grande transição planetária que está em curso. Referindo-se ao fato de que o espírita foi contemplado com essa gama de ensinamentos, Kardec assevera:

"O Espiritismo anda no ar; difunde-se pela força mesma das coisas, porque torna felizes os que o professam." (KARDEC, Allan. *O Livro dos Médiuns.* FEB, 1980, cap. 3, it. 30.)

Nos dias que correm, nesse início do século XXI (2015), pode parecer muito difícil ser jovial, na profundidade que nos apresenta a mentora, em face da crise que se abate sobre as nações de nosso orbe terráqueo, quando são tantos os crimes, quando a violência parece grassar como uma epidemia que se alastra em todos os quadrantes do mundo, como se a vigência do mal fosse irremediável. Mas, felizmente, não é assim. O que se vê é a mídia a divulgar os aspectos mais torpes da conduta humana, as degradações e os desequilíbrios que fazem parte da vivência da minoria, porque tal noticiário atrai mais certo público consumidor, ávido de escândalos de toda sorte. Mas, Allan Kardec, em sua sabedoria incomum, aborda o tema em foco, na questão 932, a seguir:

GRASSAR
Multiplicar-se por reprodução; propagar-se, espalhar-se.

"932. Por que, no mundo, a influência dos maus sobrepuja a dos bons?
Respondem os Espíritos superiores:
Por fraqueza destes. Os maus são intrigantes e audazes, os bons são tímidos. Quando estes o quiserem, preponderarão." (KAR-

DEC, Allan. *O Livro dos Espíritos*. FEB, 2006 – Edição Comemorativa do Sesquicentenário.)

A autora espiritual, todavia, ensina o caminho para adquirir a alegria interior, saudável e alicerçada na fé, enfatizando o exemplo de Jesus, que sempre manteve a jovialidade mesmo diante dos momentos mais dolorosos.

O próprio Evangelho é todo um convite à reflexão e à mudança de rumo na vida de cada cristão, porque Evangelho significa "Boa-nova", e quando penso nisso, na Boa-nova conforme foi anunciada ao tempo do Cristo, imagino que expressaria algo muito belo e positivo, como um convite à felicidade que ninguém ainda experimentara, mas que passaria, doravante, a ser colocada ao alcance de quem desejasse. É de se lamentar que o homem e a mulher modernos, os cristãos afinal de contas, pois assim se proclamam, não se conscientizem da importância da "Boa-nova" em suas vidas e o quanto de alegria e jovialidade ela envolve os que a adotam.

Há uma obra que merece destaque nesse ensejo, psicografada por Chico Xavier, do Espírito Humberto de Campos, cujo título é *Boa Nova*, um livro imperdível para quem esteja buscando episódios da vida de Jesus, que o "jornalista e comentarista espiritual" apresenta, conforme sua própria sensibilidade.

Gosto muito de toda a obra, a leitura de cada capítulo desperta emoções suaves e ternas, mas destaco o capítulo inicial, no qual o autor esclarece quanto ao tempo da chamada "época de Augusto". Cita, então, que no reinado de Caio Júlio César Otávio, este se emocionava às lágrimas, ao ouvir, de sua tribuna dourada, os versos do poeta Horácio, de imorredoura beleza:

"Ó Sol fecundo,
Que com teu carro brilhante
Abres e fechas o dia!...
Que surges sempre novo e sempre igual!

JOANNA DE ÂNGELIS

Que nunca possas ver
Algo maior que Roma."

Humberto esclarece que na chamada época de Augusto aconteceria um marco divisório da História da Humanidade, pois aquele era o século do Evangelho ou da Boa-nova. Menciona que:

*"A esfera do Cristo se aproximava da Terra, numa vibração profunda de amor e beleza. (...) Imergiam nos fluidos do planeta os que preparariam a vinda do Senhor e os que se transformariam em seguidores humildes e imortais dos seus passos divinos. (...) Ia chegar à Terra o Sublime Emissário. Sua lição de verdade e de luz ia espalhar-se pelo mundo inteiro como chuva de bênçãos magníficas e confortadoras. A humanidade vivia, então, o século da Boa Nova. Era a **festa de noivado** a que Jesus se referiu no seu ensinamento imorredouro."* (Boa Nova. FEB, 2013, cap. 1.)

Mas a **festa nupcial** não terminou e jamais terminará, porque simboliza o encontro entre a criatura e o Criador, através da palavra de Jesus, que prossegue convidando para o banquete espiritual da Nova Era. Isso nos remete à *Parábola das bodas* (Mateus, 22: 1 a 14), da qual destaco do texto o momento final em que:

"(...) A sala das bodas se encheu de pessoas que se puseram à mesa. Entrou em seguida o rei para ver os que estavam à mesa, e, dando com um homem que não vestia a túnica nupcial, disse-lhe: – Meu amigo, como entraste aqui sem a túnica nupcial? O homem guardou silêncio. – Então disse o rei aos servos: Atai-lhe as mãos e os pés e lançai-o nas trevas exteriores; ali haverá pranto e ranger de dentes. Porque muitos são chamados, mas poucos escolhidos."

Pode-se deduzir que todos os que estavam à mesa apresentavam-se com a "túnica nupcial", porém, um destoava dos demais. Trata-se aqui de uma questão vibracional, ou seja, de padrão vibratório. Os que foram escolhidos, como é óbvio, possuíam aquisições morais que lhes permitiam fazer parte do banquete, tendo em vista que o teor vibratório de cada um creditava-lhes a condição de ali permanecerem. O que foi "expulso" simboliza o grande número de Espíritos não sintonizados com a celebração das bodas. Importa esclarecer que a escolha é a seleção natural decorrente da atração e afinidade vibratórias.

Jesus recorria frequentemente às ocorrências do cotidiano, neste caso especialmente, pois que as festas de casamento na Palestina chegavam a durar vários dias. Esta história narrada pelo Mestre, se nos aprofundarmos mais no seu significado, encontraremos também alusão à mudança que ocorre atualmente no orbe terreno, a grande transição e a consequente seleção daqueles que permanecerão na Terra e os que irão para um mundo inferior, obedecendo ao mesmo critério de padrão vibratório.

Nesses tempos atuais, quando a dor campeia pelo mundo afora, urge manter a fé nos desígnios divinos, sem descambar para o pessimismo ou a revolta, porque acima de todas as injunções o Amor do Pai Celeste prevalece.

Não é sem razão que o apóstolo Paulo, em sua epístola aos Tessalonicenses, 5: 16, escreve: "Regozijai-vos sempre", cuja recomendação é comentada por Emmanuel, na excelente obra *Palavras de Vida Eterna* (FEB, 1964. 1ª ed., cap. 50). Observemos o texto a seguir:

"Encara os obstáculos de ânimo firme e estampa o otimismo em tua alma para que não fujas aos teus próprios compromissos perante a vida.

Serenidade em nós é segurança nos outros.

O sorriso de paz é arco-íris no céu do teu semblante.

Rejubilemo-nos em tudo com a vontade de Deus, porque a Vontade de Deus significa Bondade Eterna."

A jovialidade decorre, portanto, do nosso estado interior. Encontramos nos fastos do Evangelho muitas passagens que nos convidam a essa percepção, o que modificará o quadro mental e, consequentemente, com repercussão benéfica no campo físico.

> **FASTOS**
> Anais, registros públicos de fatos e obras memoráveis.

A autora espiritual cita o exemplo dos discípulos de São Francisco, quando estiveram no Japão e, ao notarem o quanto os hansenianos eram odiados e massacrados, empenharam-se em atendê-los com caridade e dedicação. Esta atitude acabou conquistando os japoneses, que os estavam igualmente perseguindo. Sem desanimar, completa Joanna de Ângelis:

"Jovialmente prosseguiram no seu dever, na sua eleição de amor incondicional."

Ressoam nos padrões vibratórios do universo, a palavra do Governador espiritual do planeta Terra:

"Bem aventurados os mansos, os pacíficos, porque estes herdarão a Terra", proclamou Jesus no Sermão do Monte. (Mateus, 5: 5.)

Festa de almas, de alegria jovial e benfazeja, para quem chegar a tempo de participar do grandioso banquete espiritual da Nova Era.

• • •

ENCARA OS OBSTÁCULOS DE
ÂNIMO FIRME E ESTAMPA O
OTIMISMO EM TUA ALMA PARA
QUE NÃO FUJAS AOS TEUS
PRÓPRIOS COMPROMISSOS
PERANTE A VIDA.
SERENIDADE EM NÓS É
SEGURANÇA NOS OUTROS.
O SORRISO DE PAZ É ARCO-ÍRIS
NO CÉU DO TEU SEMBLANTE.
REJUBILEMO-NOS EM TUDO COM
A VONTADE DE DEUS, PORQUE
A VONTADE DE DEUS SIGNIFICA
BONDADE ETERNA.

LIBERDADE REAL

CLAMA-SE POR LIBERDADE DE PENSAMENTO, de opinião, de movimento, de ação...

A liberdade expressa-se como necessidade política e religiosa, artística e cultural, econômica e ética para ser vivida, mas, mesmo quando se encontra estabelecida e proclamada, a imaturidade psicológica e o atraso moral de grande parte da sociedade que a anela, geram perturbações e descambam no crime.

Não se pode fruir de liberdade sem a consciência de responsabilidade que faculta o respeito às leis, aos direitos dos outros, aos compromissos institucionais relevantes com disciplina e consideração.

Quando a Revolução Francesa proclamou os louvores à liberdade, desapeando do poder a Casa dos Capetos tradicionais, o clero, a aristocracia e os dominadores momentâneos, logo vieram os direitos humanos e a conquista da cidadania. No entanto, o desequilíbrio de alguns líderes apaixonados e atormentados iniciou os lamentáveis períodos para a instalação dos *dias do terror*, que mancharam a dignidade humana já ultrajada pelos ódios entre os novos partidos governamentais, e desonraram os ideais libertários.

A ânsia pela liberdade, infelizmente, ainda hoje se transforma em terrorismo aparvalhante, em guerras hediondas, quando facções alucinadas atiram-se em lutas cruéis, semeando o horror e a destruição, logo, porém, sucumbindo por sua vez, vencidas por outros grupos mais perversos que as odeiam.

DESAPEAR (M. q. Apear) Pôr abaixo; demolir, derrubar.

SANHA
Vontade incontrolável, rancor, fúria, ira, desejo de vingança.

INFECTAS
Que tem infecção; que exala mau cheiro; mefítico, pestilento.

ESTIOLAR
Provocar ou sofrer estiolamento; enfraquecer-se; debilitar-se.

DESAR
Revés de fortuna; sucesso infausto; desgraça.

SANDEU
Que diz ou pratica tolice; que é tolo; pateta; tonto.

Liberando o fanatismo de qualquer natureza, sempre insano, produz a selvageria de que a civilização já deveria estar liberada, em espetáculos de morbidez que levam ao desespero dezenas, centenas de milhares de pessoas que são obrigadas a abandonar tudo, a fim de fugirem da sanha venenosa, para buscarem amparo em regiões não menos terríveis como os campos de refugiados nos desertos, nas áreas infectas do mundo...

Vidas estioladas todas essas, que perdem as raízes da sua origem e desenvolvem-se em situações deploráveis de miséria de todo tipo.

As etnias africanas ou europeias, asiáticas ou americanas, permanecem em atos de agressividade, com derramamento de sangue que encharca o solo ressequido, utilizando-se do direito à liberdade que negam aos demais, também seus irmãos, que são acusados de estar do *outro lado*. E o que eram antes fraternidade, sorrisos, converte-se rapidamente em inconcebíveis carnificinas que estarrecem.

A verdadeira liberdade, porém, paira acima dos ideólogos interessados na libertinagem e no desar.

Ei-los, os violentos e sandeus, mascarados de idealistas e sonhadores, repentinamente transformados em hediondos inimigos da Humanidade que desarticulam, ambiciosos e extravagantes, violentos e inescrupulosos.

•

Jesus referiu-se que somente há liberdade quando se conhece a Verdade. E, por isso mesmo, recomendou que se a buscasse com empenho e insistência. A Verdade, porém, é Deus. Na impossibilidade atual de se entendê-lO e mesmo conhecê-lO, na Sua transcendência, a busca do conhecimento espiritual, da finalidade da existência terrestre, liberta da ignorância, que é a responsável por incontáveis males que afligem a sociedade.

Nesse sentido, merece que se reflexione em torno da liberdade interior que se expande para fora, quando se percebe que a verdadeira se estabelece inicialmente no íntimo, quando se inicia o esforço pela superação do egoísmo responsável pelos desejos subalternos e pelos vícios sociais, morais e comportamentais.

Essa é a revolução especial, mais difícil, única, porém, que pode proporcionar a conquista do objetivo existencial, que é a plenitude.

Livre, portanto, é todo aquele que compreende a necessidade de contribuir em favor do bem geral, que se esforça pela vivência solidária e transforma os seus desejos, alterando-lhes o direcionamento.

Tudo quanto antes aspirava apenas para si, agora se transforma num esforço comum em benefício de todos.

O vício escraviza, asselvaja, retém a sua vítima nas prisões da dependência tirânica, e por mais se desfrute de liberdade política e social, onde se vai, permanece-se em encarceramento.

Somente através da consciência responsável e digna pelo que opera na mudança do comportamento moral, é que se pode vivenciar a liberdade, mesmo quando as circunstâncias ainda não a concedem.

A criatura que aspira em ser realmente livre deve empenhar-se com denodo para transformar as dependências viciosas em conquistas éticas saudáveis.

DENODO
Ousadia; bravura; coragem.

O Mestre galileu, sitiado pelos fariseus e pretorianos impenitentes e pusilânimes, seguido pelos escravocratas de diferentes denominações, enfrentou a impostura e o poder de mentira com a autoridade moral da Sua pureza, fazendo-se respeitar e temer, por cuja grandeza foi crucificado...

PUSILÂNIME
Covarde; medroso; fraco.

Altivo, na execução do programa renovador da Humanidade, substituiu a Lei antiga pela de amor, intimorato, procla-

INTIMORATO
Que não sente temor; destemido; valente.

mou a liberdade e viveu-a, atraindo multidões, que abalaram o Império Romano e modificaram-lhe a estrutura. Entretanto, à medida que as criaturas se descuidaram moralmente, perderam a liberdade, por permitir-se os vícios, corrompendo-se e tornando-se vítimas das suas próprias ambições desnaturadas, dos desejos mesquinhos e hediondos que as assinalam.

Séculos de trevas e dores sucederam-se até o momento em que a ciência se libertou do totalitarismo da *fé cega*, preparando a sociedade para a chegada do Consolador.

TOTALITARISMO
Sistema de governo totalitário.

•

A Revelação espírita, ao esclarecer as consciências que anseiam pelo infinito, proclama a imortalidade da alma e sua reencarnação, demonstra-as, enquanto proporciona a visão do futuro que a todos aguarda, e rompe os grilhões retentivos dos vícios, à medida que proporciona a liberdade real.

GRILHÃO
(Fig.) Elo invisível que aprisiona; laço, prisão, grilheta.

A verdadeira liberdade, portanto, é aquela que nasce na consciência reta que não teme as evocações do passado nem os fantasmas do futuro. É adquirida mediante a vivência do bem que tranquiliza e abre as portas às paisagens formosas da paz, facultando voar na direção do infinito.

Livre e feliz, segue Jesus, o *Libertador,* e a Ele entrega-te, a fim de plenificar-te em definitivo.

• •

A *lei de liberdade*

Liberdade, liberdade! Seria o ser humano totalmente livre, consciente de si mesmo, se for capaz de fazer escolhas, determinando o seu destino? O livre-arbítrio seria, portanto, a possibilidade e a liberdade de fazer escolhas? Mas convém pensar se haveria liberdade, seja qual for a opção adotada, no fato de sempre haver dependência de terceiros para as ações da vida terrena, que imperam desde o nascimento até a morte?

Quando conseguiremos ser livres?

Em *O Livro dos Espíritos*, encontramos na *Terceira Parte* as dez *Leis Morais* e, dentre elas, Allan Kardec vai abordar a *Lei de Liber*dade. Oportuno citar a questão 825, quando o codificador indaga à falange do Espírito de Verdade:

"Haverá no mundo posições em que o homem pode jactar-se de gozar de absoluta liberdade?

Resposta dos Espíritos*: Não, porque todos precisais uns dos outros, assim os pequenos como os grandes."* (FEB, 2006, Edição Comemorativa do Sesquicentenário.)

A autora espiritual abre um leque panorâmico que possibilita ao leitor visualizar a história da Humanidade, do ontem remoto ao hoje de agora. Dolorosa constatação, porém, evidencia a epopeia humana, tantas vezes banhada em sangue decorrente de perversas atrocidades, tendo como desculpa a busca da liberdade que, no entanto, traz no seu bojo, a ideia de supremacia e domínio sobre o outro.

Nessa análise, ela reporta-se à Revolução Francesa, citando a dinastia dos Capetos.

A célebre Revolução Francesa aconteceu de 1789 a 1799, foi um período de intensa agitação política e social na França, repercutindo não apenas na história do país, porém mais amplamente, em todo o continente europeu. A monarquia absolutista que tinha governado a nação durante séculos foi derrubada do poder. Por Capetos designava-se a família real que governou a França durante mais de trezentos anos. O nome vem da alcunha do fundador, Hugo, Duque de Francia, sendo, provavelmente, uma alusão à capa que usava por ser abade secular em St. Martin de Tours.

Embora o ideal de *Liberdade, Igualdade e Fraternidade* fosse a bandeira dos grupos que pleiteavam a libertação da França, e, mesmo, conforme explana a autora:

> *"Logo vieram os direitos humanos e a conquista da cidadania No entanto, o desequilíbrio de alguns líderes apaixonados e atormentados abriram os lamentáveis períodos para a instalação dos dias do terror, que mancharam a dignidade humana já ultrajada pelos ódios entre os novos partidos governamentais, e desonraram os ideais libertários."*

Comentando a tríade *Liberdade, Igualdade, Fraternidade*, Allan Kardec escreve:

> *"Estas três palavras constituem, por si sós, o programa de toda uma ordem social que realizaria o mais absoluto progresso da Humanidade, se os princípios que elas exprimem pudessem receber integral aplicação."* (KARDEC, Allan. *Obras Póstumas*. FEB, 1973, 13ª.)

ABADE
Título ou cargo do superior dos monges de uma abadia autônoma ou dos membros de certas ordens ou congregações religiosas monásticas.

O ser humano sempre buscou a liberdade. O que ela representa, todavia, varia de uma época a outra, de um povo para outro e de indivíduo para indivíduo, porquanto a maioria a imagina favorecendo a seus propósitos, nem sempre nobres e fraternos. Pensar a plena libertação das peias que avassalam as criaturas, esbarra, contudo, em dificuldades quase intransponíveis. Na verdade, somos todos prisioneiros de uma enorme série de situações que engendramos ao longo dos milênios de nossa permanência no planeta Terra. Criamos hábitos arraigados nos quais preponderam o egoísmo e o orgulho, filhos da insensatez em que mergulhamos ao acreditar que somos melhores que os demais seres humanos.

> **PEIA**
> Aquilo que impede; obstáculo, estorvo, embaraço.

Tempos dobraram-se sobre tempos, quando, então, veio Jesus ensinar a Ciência do Infinito para que os horizontes mentais do ser humano se ampliassem, saindo da carapaça da ignorância, qual a casca do ovo sob o bico da pequenina ave que anseia por libertar-se, para voar pelo espaço afora.

"Conhecereis a verdade, e a verdade vos libertará." (João, 8:32.)

Aludindo ao versículo acima, Joanna enfatiza que:

"Jesus referiu-se que somente há liberdade quando se conhece a Verdade. E, por isso mesmo, recomendou que se a buscasse com empenho e insistência. A Verdade, porém, é Deus."

O voo da alma, livre de todas as amarras do pretérito, será uma realidade no seu futuro imortal, que ainda não conseguimos entrever, levando-se em conta que a Verdade absoluta é Deus.

O Pai Celestial, porém, é exaltado em Sua magnificência, na oração do Pai-nosso, quando o Mestre ensina à Humanidade de todos os tempos como se deve louvar o nome do Criador, conforme as frases iniciais, sobre as quais faremos algumas reflexões.

JOANNA DE ÂNGELIS

Pai-nosso, começa Jesus a orar, evidenciando, de imediato, que Ele é o Criador de tudo o que existe, de todos os seres e de todas as coisas, ressaltando a Paternidade universal.

Que estás nos Céus, para que fique claro que está acima de todas as coisas, que está em toda parte, como o Absoluto Senhor do Universo, cujo pensamento o sustenta e alimenta com Seu Perfeito Amor.

Santificado seja o Vosso Nome, que está escrito nas paisagens do infinito, desde as galáxias que povoam o cosmos, desde o *"átomo primitivo até o arcanjo"* (questão 540 de *O Livro dos Espíritos*), pois trazemos em nós a assinatura divina, que identifica o Autor Supremo...

Venha a nós o Vosso Reino, muitas vezes Jesus refere-se ao Reino dos Céus, ao Reino de Deus, em várias passagens do Evangelho, como, por exemplo, em Mateus, capítulo 13, em que estão registradas sete parábolas todas se referindo ao Reino. Entretanto, o Mestre vai esclarecer a respeito, ao responder à pergunta dos fariseus, que desejavam que Ele explicasse quando viria o Reino:

"O Reino de Deus não vem com aparência exterior. Nem dirão: ei-lo aqui, ou ei-lo ali; porque eis que o Reino de Deus está dentro de vós."

Seja feita a Vossa Vontade, assim na Terra como no Céu, reconhecimento do Poder divino, que a tudo governa, como Criador cuja obra se estende pelos espaços infinitos, até onde alcança o nosso ainda precário entendimento. À Sua Vontade toda a Natureza, no âmbito universal, está submetida.

Estas cinco frases são de louvor ao Pai Celestial para que, ao orar, reconheçamos a nossa pequenez diante da bondade e misericórdia celestes. Assim, a liberdade plena será uma realidade do Espírito quando estiver de posse da Verdade, que é Deus. Infere-se, portanto, que estamos longe de conquistar qualquer expressão da liberdade real.

É imprescindível, entretanto, meditarmos acerca da liberdade, para nossa edificação, considerando Jesus como a grandeza máxima. Assim, por deliberação antecipada e de livre vontade, Ele veio ao plano material, revestindo-se dos fluidos próprios do planeta Terra, em suas camadas mais quintessenciadas, todavia, ainda grosseiras, em relação ao Seu padrão vibratório de altíssima voltagem, que sequer temos condições de avaliar. Submeteu-se a todos os processos que regulam a vida física de quantos aqui renascem, e mesmo sendo o Governador espiritual do orbe terreno, veio a encarnar a veste densa peculiar a esse plano onde vivemos. Adulto, pregou a Lei de Amor, deixando-a como legado de luz para que a Humanidade aprendesse o caminho da verdade e da vida que nos levaria até ao Pai. E na sublimidade de Sua despedida, no mais notável instante em que evidenciou a plenitude de Sua liberdade, Ele se deixou levar, como prisioneiro dos soldados que O cercaram, até que se cumprisse o ato final.

> QUINTESSENCIADAS
> A que se deu caráter de quinta-essência; muito requintado ou apurado.

Poderia existir alguém mais livre que Ele?

A mentora acrescenta:

"O Mestre galileu, sitiado pelos fariseus e pretorianos impenitentes e pusilânimes, seguido pelos escravocratas de diferentes denominações, enfrentou a impostura e o poder de mentira com a autoridade moral da Sua pureza, fazendo-se respeitar e temer, por cuja grandeza foi crucificado...

Altivo, na execução do programa renovador da Humanidade, substituiu a Lei antiga pela de amor, intimorato, proclamou a liberdade e viveu-a, atraindo multidões, que abalaram o Império Romano e modificaram-lhe a estrutura."

Lentamente o ser humano começa a dar-se conta de que as nossas imperfeições, os vícios que cultivamos e a ausência do

JOANNA DE ÂNGELIS

amor são os verdadeiros grilhões que tornam a jornada terrena uma pesada cruz que cada um escolhe no uso do livre-arbítrio.

O Espiritismo, porém, ao esclarecer sobre esses pontos essenciais, imprescindíveis à evolução do Espírito, abre uma perspectiva luminosa na sombria noite em que a maioria se debate, pela total inconsciência quanto ao sentido da vida. O despertar para essa realidade é o passo decisivo para a alma que anseia por libertar-se.

Em sua mensagem, a benfeitora pontifica:

"Nesse sentido, merece que se reflexione em torno da liberdade interior que se expande para fora, quando se percebe que a verdadeira se estabelece inicialmente no íntimo, quando se inicia o esforço pela superação do egoísmo, responsável pelos desejos subalternos e pelos vícios sociais, morais e comportamentais.

Essa é a revolução especial, mais difícil, única, porém, que pode proporcionar a conquista do objetivo existencial, que é a plenitude."

Importante mencionar a notável contribuição de Léon Denis, quando leciona:

"O Espírito só está verdadeiramente preparado para a liberdade no dia em que as leis universais que lhe são externas, se tornem internas e conscientes pelo próprio fato de sua evolução. No dia em que ele se penetrar da lei e fizer dela a norma de suas ações, terá atingido o ponto moral em que o homem se possui, domina e governa a si mesmo. Daí em diante não precisará do constrangimento e da autoridade sociais para corrigir-se. E dá-se com a coletividade o que se dá com o indivíduo. Um povo só é verdadeiramente livre, digno da liberdade, se aprendeu a obedecer a essa lei interna, lei moral, eterna e universal, que não emana nem do poder de uma casta, nem da vontade das multidões, mas de um

Poder mais alto." (DENIS, Léon. *O problema do ser, do destino e da dor.* Cap. XXII, FEB, 15ª edição, 1989.)

Para que se alcance esse resultado, concluímos com a autora espiritual:

"A Revelação espírita, ao esclarecer as consciências que anseiam pelo infinito, proclama a imortalidade da alma e sua reencarnação, demonstra-as, enquanto proporciona a visão do futuro que a todos aguarda, e rompe os grilhões retentivos dos vícios, à medida que proporciona a liberdade real."

• • •

JESUS REFERIU-SE QUE SOMENTE HÁ LIBERDADE QUANDO SE CONHECE A VERDADE. E, POR ISSO MESMO, RECOMENDOU QUE SE A BUSCASSE COM EMPENHO E INSISTÊNCIA. A VERDADE, PORÉM, É DEUS.

LUTA CONTÍNUA

12

FIRMADO O COMPROMISSO COM JESUS, NÃO te olvides das graves responsabilidades que assumiste perante a própria consciência assim como a Cósmica.

No grande litígio que se trava em toda parte, resultado da *sombra* mórbida que domina a criatura humana, dificultando-lhe a ascensão ao planalto da plenitude, as Forças que se denominam adversárias estão sempre vigilantes e em combate sem descanso.

Insinuam-se no teu programa de realizações com sutileza ou intensidade irresistível, esperam qualquer brecha moral e emocional em ti, a fim de desarticular as tuas iniciativas.

Todos os teus projetos são vistos como desafios que devem destruir e não cessam de buscar meios para alcançar as metas infelizes a que se dedicam.

Enfermidades simulacros, olvidos inesperados, contrariedades frequentes, decepções variadas, desestímulos de todo porte, são-te impostos sempre que agasalhas as suas insinuações pérfidas.

Descobrirás inimigos que te surpreendem, e sequer os conheces, mas que se voltam contra o teu trabalho com o firme propósito de desacreditar-te no círculo em que te movimentas, assim como fora dele, ferindo-te nos belos labores a que te entregas.

Encorajadas pelos primeiros êxitos com os que te invejam e antipatizam com ou sem motivos reais, avançam, intempestivas, somam dificuldades no terreno por onde segues, na expectativa de que desistirás.

OLVIDAR
Perder a memória de; não vir (algo) à lembrança de (alguém ou de si mesmo); esquecer(-se).

LITÍGIO
Conflito de interesses; contenda, pendência.

PÉRFIDA
Que falta à fé jurada; desleal, traidor.

LABOR
Trabalho, faina, tarefa árdua e demorada.

Aumentam a fúria contra ti, na razão direta em que permaneces intimorato, sem preocupação com os males que ocasionam e procuram retirar preciosas lições de paciência e de compaixão para autoenriquecimento.

Esses inimigos espirituais são tirânicos, não descansam nunca, e porque são destituídos de qualquer princípio ético, utilizam-se de todos os recursos possíveis para atingir-te, para derrubar-te um pouco mais à frente.

Sempre te chocam as informações desses adversários do teu trabalho, da tua pessoa, em razão da tua conduta pautada dentro das linhas do Evangelho.

Se és fiel ao compromisso, taxam-te de fanático, ortodoxo, enfermo. Se negligencias em algo ou se por acaso não consegues viver o que preconizas, apontam-te como hipócrita, mentiroso, covarde, traidor dos postulados abraçados.

Por mais as farpas do ódio gratuito te alcancem, prossegue adiante com as tuas possibilidades, mínimas que sejam, sem defender-te, nem gastares tempo em sofrimento inútil, sem te imobilizares, pois que o objetivo que tem é exatamente esse.

Quanto mais firme permaneças, mais acusado e contraditado serás, porque te considerarão seu inimigo ferrenho.

•

Haja o que houver, nunca desanimes, nem dês atenção aos impedimentos. Todos os desafios existem para estimular o crescimento do ser humano, proporcionar-lhe as realizações dignificantes.

Jamais receies a vitória do mal, porque tens ao teu lado os anjos tutelares que nunca te abandonam e te ajudam de maneira discreta ou visível, conforme a circunstância, em demonstração de que não estás a sós.

Não podem nem devem esses benfeitores impedir as ocorrências negativas, nem os testemunhos, porque te empurrariam para a inutilidade ou para a preguiça moral.

> **ORTODOXO**
> Que professa os padrões, as normas ou os dogmas estabelecidos, tradicionais.

> **FARPA**
> Colocar farpas em; abrir rasgo em ou rasgar-se; romper(-se).

Ademais, tens dívidas na contabilidade divina que te cabe resgatar, e, por isso, o Senhor da Vinha permite que sejas convidado à regularização dos antigos deslizes morais e espirituais.

Ele próprio, no Seu tempo entre nós, sempre esteve cercado pelas personagens desditosas dessas legiões maléficas, que as utilizavam em tentativas inúteis de confundi-lO, de lançá-lO contra Roma ou o Sinédrio...

Ele sempre compreendeu a situação, pois que escolheu uma das épocas mais perturbadoras que viveu Israel, a fim de semear a esperança e a paz.

De todo lado surgiam exaltados no bem e no mal, defensores de ocasião, revolucionários apaixonados, messias equivocados que desejavam libertar o país da subjugação e terminavam em mortes horrendas pelo poder das legiões romanas aquarteladas por todo lado.

AQUARTELADO
Dividido em quatro partes; alojado em quartel.

Sóbrio e sábio, Ele procurou ensinar a mansidão e a cordura, a compaixão e o cumprimento dos retos deveres, a misericórdia e a humildade, para demonstrar que o Seu reino não é deste mundo. E mesmo assim, não foi poupado de infâmias, de ultrajes, de acusações injustas, dos perenes inimigos encarnados e desencarnados da Humanidade.

CORDURA
Bom-senso; prudência; sensatez.

Também tu não te verás livre de equivalentes injunções, de perseguições persistentes, que fazem parte do programa de sublimação de todos os servidores fiéis.

INJUNÇÃO
Ordem precisa e formal; imposição; exigência.

Insiste na tua campanha de amor, sem concederes campo à autocompaixão, nem ao sofrimento, pois que não fazem parte do teu esquema evolutivo.

Supera as proposituras do *ego*, compreende que a *sombra* que te sitia os passos provém das tuas tendências inferiores que ainda não conseguiste superar.

PROPOSITURA
Aquilo que se propõe; proposição.

Ora mais, mantém a tua mente antenada com Aquele a quem amas e é o dono da seara.

JOANNA DE ÂNGELIS

Desse modo, não te deprimas quando descobrires novos combatentes que se comprazem em infernizar-te as horas.

Enriquece-as de luz e de paz, de alegria pelo trabalho realizado, pelas palavras de bondade daqueles que seguem contigo e são teus irmãos e amigos, nunca ofereças valor ao mal que se desenvolve na razão direta em que é aceito.

•

Numa sociedade em que o consumismo, o utilitarismo, os desvios de conduta e a violência tornam-se naturais, é realmente estranhável a conduta saudável, o idealismo nobre e desinteressado das retribuições mundanas, o devotamento do bem incessantemente...

Evoca os mártires da fé, cujas vidas te fascinam, e verificarás que viveram sob a perseguição tenaz de adversários de ambos os planos da vida, que não os poupavam de aflições, em tentativas inúteis de fazê-los desistir dos empreendimentos iluminativos.

Nenhum foi poupado, sendo-lhes exigidas humildade e abnegação em demonstração de lealdade aos ideais que abraçavam e divulgavam, certos de que seriam os melhores recursos para plenificar as demais criaturas, quais eles próprios sentiam-se ditosos.

Nada obstante, nada os desanimou, permanecendo fortes e confiantes no futuro da Humanidade quando se voltasse para a vivência dos postulados do amor.

Desse modo, quanto mais atacado estejas, compreende que isso é resultado da tua imbatível decisão de persistir na ação, jamais arrefecendo o entusiasmo e nunca te afastando do compromisso com Jesus que te espera em triunfo após o portal de cinzas da desencarnação.

• •

UTILITARISMO
Teoria desenvolvida na filosofia liberal inglesa, esp. em Bentham (1748-1832) e Stuart Mill (1806-1873), que considera a boa ação ou a boa regra de conduta caracterizáveis pela utilidade e pelo prazer que podem proporcionar a um indivíduo e, em extensão, à coletividade.

TENAZ
Que prende e agarra com firmeza.

ARREFECER
Esfriar; desanimar ou provocar desânimo; ficar mais fraco.

Compromisso com Jesus

Existem lutas e lutas. Esta luta, que a mentora aborda, é diferente de qualquer outra e, logo de imediato, ela esclarece ser um compromisso muito especial, o mais importante que o ser humano pode assumir em sua trajetória evolutiva, o qual não é firmado em um momento qualquer da existência, mas no ápice da dor, da carência profunda da alma, em meio à "tempestuosa busca do ser", na expressão de Stanislav Grof em um de seus livros, com este título.

Há um pacto solene que é feito, então, entre a criatura e Jesus, porque a consciência emerge da sua pequenez à procura da luz, ao tempo em que a Lei Divina ínsita em seu íntimo desperta para os primeiros albores de uma nova vida.

Joanna de Ângelis expande esse pensamento e escreve:

> *Firmado o compromisso com Jesus, não te olvides das graves responsabilidades que assumiste perante a própria consciência assim como a Cósmica.*

Mas não esperes flores, ela parece dizer, e acentua no livro *Após a tempestade*:

> *"Não será, certamente, uma incursão ao reino da fantasia ou um passeio gentil pelos arredores da catedral da fé. Antes é uma realização em que nos liberaremos das injunções cármicas*

ALBOR
Princípio; amanhecer; brancura; primeira manifestação de um acontecimento.

infelizes, adquirindo asas para maiores voos na direção dos inefáveis Cimos da Vida." (FRANCO, Divaldo; ÂNGELIS, Joanna [Espírito]. *Após a tempestade.* Salvador, LEAL,1ª ed., 1974, cap. 24.)

Somos viajores do tempo, passamos por ele e nem sempre nos damos conta do quanto temos recebido em constantes oportunidades para realizarmos a nossa transformação moral, enquanto cheios de empáfia caminhamos à espera de um milagre qualquer que nos garanta a felicidade perene.

> **EMPÁFIA**
> Orgulho vão; arrogância; presunção.

Carlos Torres Pastorino, pela psicografia de Divaldo Franco, escrevendo acerca da autoiluminação, assinala:

> **ÓPIO**
> De ação analgésica; que provoca adormecimento, embrutecimento moral.

"Repetindo experiências que se perdem no ópio das ilusões, as suas têm sido jornadas de idas e vindas – Erraticidade, plano físico, Erraticidade – sem que apresente conquistas significativas no mapa do seu desenvolvimento espiritual.

Experimentando dores e superlativas aflições, anela pela paz e pela felicidade, que se lhe apresentam distantes e difíceis de ser conquistadas." (*Impermanência e Imortalidade,* FEB, 2004, p. 191.)

Observemos que Pastorino usa a palavra Erraticidade, com significado de plano espiritual. Esta expressão Kardec a utiliza em *O Livro dos Espíritos* (FEB, 2006) a partir da questão 223, quando disserta sobre os Espíritos errantes, ou seja, os que estão na vida espiritual.

Gradativamente a mentora vai desfiando a realidade, o prodigioso confronto entre a sombra e a luz. É a luta contínua que se desenrola através das idas e vindas, imprescindíveis para a libertação do passado de enganos, sempre afeito à ilusão da matéria como prioridade máxima a ser atendida, enquanto as sofridas dores da alma sombreiam os dias de lágrimas.

Hoje é um novo tempo e uma nova luta.

O Espiritismo, trazendo à luz os ensinos de Jesus, abre os horizontes antes encobertos pela ignorância das Leis Divinas, a fim de que soubéssemos que o Reino de Deus está dentro de cada um de Seus filhos, nesse fulcro profundo e ainda inexpugnável, onde refulge o altar da consciência.

Humberto de Campos, em sua notável obra, *Boa Nova* (FEB, 1978, 12ª ed., cap. 4), referindo-se às palavras de Jesus a Zebedeu, pai dos irmãos Tiago e João, registra:

> *"– O Reino de Deus tem de ser fundado no coração das criaturas; o trabalho árduo é o meu gozo; o sofrimento o meu cálice; mas o meu Espírito se ilumina da sagrada certeza da vitória. (...)*
>
> *– A paz da consciência pura e a resignação suprema à vontade de meu Pai são do meu reino; mas os homens costumam falar de uma paz que é ociosidade de espírito e de uma resignação que é vício do sofrimento. Trago comigo as armas para que o homem combata os inimigos que lhe subjugam o coração e não descansarei enquanto não tocarmos o porto da vitória. Eis porque o meu cálice, agora, tem de transbordar de fel, que são os esforços ingentes que a obra reclama."*

O Mestre refere-se ao *"cálice de fel, que são os esforços ingentes que a obra reclama"*, ninguém, portanto, atravessa incólume essa jornada, tal como as sofridas ânsias de um parto que dá nascimento a um novo ser.

Reflexionando mais profundamente, encontramos a incrível trajetória de Paulo de Tarso, que se tornou apóstolo de Jesus, no entanto, para que isso se concretizasse, foi necessária uma longa e árdua caminhada, cujos passos iniciais foram dados quando ainda era o rico e poderoso Saulo. Após a sua conversão, no memorável encontro com Jesus na estrada de Damasco, o doutor da lei firma seu compromisso com o Mestre, o que significou o começo de uma luta contínua, travada

FULCRO
Ponto de apoio; base; parte essencial ou mais importante.

INEXPUGNÁVEL
Que não se pode transpor; inconquistável.

INGENTE
Muito grande; vasto; enorme.

dia após dia, contra si mesmo, contra o homem velho, Saulo, que teimava em prevalecer para impedir que o novo homem, Paulo, tivesse agora as rédeas de sua vida.

A saga evolutiva de Paulo está narrada, com as tintas fortes e belas da emoção, por Emmanuel, na obra *"Paulo e Estêvão"* (FEB, 2006, 44ª edição), em cuja apresentação, intitulada *Breve notícia*, ele menciona que:

APODO
Dito irônico; comparação depreciativa; zombaria.

"Entre perseguições, enfermidades, apodos, zombarias, desilusões, deserções, pedradas, açoites e encarceramentos, Paulo de Tarso foi um homem intrépido e sincero, caminhando entre as sombras do mundo ao encontro do Mestre que se fizera ouvir nas encruzilhadas da sua vida. Foi muito mais do que um predestinado, foi um realizador que trabalhou diariamente para a luz. (...)

Entre ele e Jesus havia um abismo, que o Apóstolo soube transpor em decênios de luta redentora e constante."

O exemplo de Paulo, que Emmanuel transmite, suscita uma pergunta que cada um deve estar fazendo: "Se com ele, Paulo de Tarso, foi assim, o que posso esperar? Por que comigo será diferente?" A autora espiritual nos está respondendo ao alertar, levando o leitor e a leitora a se posicionar diante de sua vida terrena.

"No grande litígio que se trava em toda parte, resultado da sombra mórbida que domina a criatura humana, dificultando-lhe a ascensão ao planalto da plenitude, as Forças que se denominam adversárias, estão sempre vigilantes e em combate sem descanso."

Muitas são as almas que, enfraquecidas moralmente, deixam-se contaminar por ideias nefastas, embrenhando-se no imenso cipoal de crimes e de perversidades, no intercâmbio com as mentes invisíveis que as manipulam a seu bel-prazer por muito tempo. Não podemos esquecer, todavia, que acima dessas conjunturas existem, em contrapartida, Espíritos amorosos dedicando-se a buscar aqueles que evidenciam sinais de mudança, tentando alcançar a própria redenção, ainda não lograda sem o amparo de um amor maior que lhes possa dar a mão. Refiro-me às mães que, no plano espiritual, dia a dia enfrentam lutas contínuas para salvar não apenas os que lhes foram filhos diretos, quando estavam no plano físico, mas que ampliaram o amor materno aconchegando ao coração almas sofredoras propensas à mudança.

Esse é o trabalho de Maria Queiroz, Espírito que se comunicou na reunião mediúnica da qual participo, em comovedora mensagem, esclarecendo que estava presente acompanhando um "filho" querido que se transviara do caminho correto. Em palavras suaves, ela esclareceu que faz parte de um grande grupo de mães que expandem o seu amor maternal, universalizando-se ao realizar trabalhos de resgate a inúmeros "filhos", onde quer que se encontrem e quando se faz necessário, em nome de Maria Santíssima.

"Afinal – disse Maria Queiroz – *alguém tem que fazer o trabalho pesado, e nós o realizamos com muito amor, procurando servir à Mãe das mães, que conta com nosso esforço, e, embora nossa pequenez, conseguimos ampliar cada vez mais essa rede de afeto libertando almas e conquistando-as para Jesus, que é o propósito de Sua Mãe Santíssima."*

Referiu-se ainda às mães modernas, que, em sua maioria, privilegiam futilidades, procurando os prazeres sensuais, pouco importando se os filhos estão, por sua vez, também no encalço de uma vida moralmente irresponsável. Mencionou o trecho de *O Evangelho segundo o Espiritismo*, lido no início da

ENCALÇO
Vestígio, pista, rasto.

JOANNA DE ÂNGELIS

reunião: *Os bons espíritas*, comentando que estes estão igualmente procurando, no aprendizado do amor, trabalhar na "vinha do Senhor".

E Joanna de Ângelis recomenda:

"Por mais as farpas do ódio gratuito te alcancem, prossegue adiante com as tuas possibilidades, mínimas que sejam, sem defender-te, não gastares tempo em sofrimento inútil, nem te imobilizares, pois que o objetivo que tem é exatamente esse.

Quanto mais firme permaneças, mais acusado e contraditado serás, porque te considerarão seu inimigo ferrenho.

Desse modo, não te deprimas quando descobrires novos combatentes que se comprazem em infernizar-te as horas."

Entretanto, quantos são os que desistem de lutar e de viver, e põem fim à vida terrena, na suposição de que, ao entrar nos domínios da morte tudo cessará, ingressando num sono hibernal que lhes trará o esquecimento libertador. Ledo engano! E a terrível realidade, agora mais forte que aquela da qual fugia, desaba sobre o infeliz que optou por essa decisão extrema.

O suicídio é a mais aterradora forma que leva o indivíduo a encontrar a si mesmo e de sentir na profundeza da alma que é imortal. É o ato insano do finito que afronta o infinito e descobre, em meio a dores superlativas, a própria pequenez.

Esse pensamento traz-nos à mente o magistral livro da médium Yvonne do Amaral Pereira, *Memórias de um suicida*, que revela a luta contínua e por demais sofrida de um grupo de suicidas, que se encontraram num local, no plano espiritual, denominado de *Vale dos suicidas*. Longa foi a permanência desses Espíritos que ali expurgavam as consequências de seus atos. No entanto, a misericórdia do Pai sempre socorre o infrator de Suas leis. Em certo momento foram eles resgatados do vale, sendo acolhidos na colônia espiritual da *Legião dos Servos de Maria*, inicialmente no hospital Maria de Nazaré, para o compreensível tratamento das sequelas que cada um apresentava.

O Eclesiastes, 3, ensina com sabedoria que:

"Tudo tem a sua ocasião própria, e há tempo para todo propósito debaixo do céu.
Há tempo de nascer, e tempo de morrer, tempo de plantar, e tempo de arrancar o que se plantou."

Em suas considerações finais, a autora espiritual ressalta que tudo tem um momento especial e que este deve ser o que assinala o nosso compromisso com Jesus.

"Quanto mais atacado estejas, compreende que isso é resultado da tua imbatível decisão de persistir na ação, jamais arrefecendo o entusiasmo e nunca te afastando do compromisso com Jesus que te espera em triunfo após o portal de cinzas da desencarnação."

• • •

NO GRANDE LITÍGIO QUE SE TRAVA EM TODA PARTE, RESULTADO DA SOMBRA MÓRBIDA QUE DOMINA A CRIATURA HUMANA, DIFICULTANDO-LHE A ASCENSÃO AO PLANALTO DA PLENITUDE, AS FORÇAS QUE SE DENOMINAM ADVERSÁRIAS, ESTÃO SEMPRE VIGILANTES E EM COMBATE SEM DESCANSO.

OS DESERTORES

13

NORMALMENTE, QUANDO ALGUÉM ADERE a um ideal, motivado pelos objetivos que tem em mira, o entusiasmo assinala-lhe a conduta. Sorrisos e promessas fascinantes são formulados com encantamento, apresentando-se com espontaneidade para a contribuição pessoal rica de perspectivas felizes.

À medida, porém, que o tempo transcorre, a repetição das atividades, a convivência com os demais membros do grupo em que se encontra, vão descolorindo a bela visão inicial, enquanto diminui o entusiasmo, o que dá lugar à monotonia, ao tédio.

Muitas pessoas estão sempre em busca de desafios novos, e logo se saturam com o que encontram, e, em face da incapacidade de controle emocional, com facilidade apresentam escusas para afastar-se do labor que já não desperta a inquietação interior.

Sem a experiência íntima da segurança psicológica, o que dificulta a aquisição da convicção bem-estruturada, porque predominava na sua busca a curiosidade e não o trabalho, lentamente se desinteressa e abandona o comprometimento, deserta...

De cooperador, o candidato passa a observador e crítico dos demais, transfere os seus conflitos para aqueles que têm porfiado na tarefa, embora os próprios limites e dificuldades.

Da crítica severa passa à censura perversa e aos apontamentos deprimentes, dizendo-se decepcionado com os outros, sem dar-se conta, por sua vez, do desencanto que sua atitude inesperada provoca.

Esperava que a grei fosse constituída de anjos e não de Espíritos em recuperação moral, e torna-se-lhes verdugo cruel que crucifica aqueles que antes considerava exemplos de bondade e de honradez.

GREI
Povo; sociedade; nação; conjunto de súditos.

VERDUGO
Carrasco; algoz; indivíduo cruel.

O passo seguinte é a deserção sob justificativas que o tornam vítima ou que o levam a refugiar-se em mecanismo defensivo, ao apresentar impedimentos para que prossiga na ação iniciada.

Noutras vezes, desaparece simplesmente do grupo a que pertencia, mas com o qual não mantinha nenhum vínculo emocional.

Preenche os espaços e o tempo com novos arroubos e apaga na memória a gratidão pelo afeto com que foi recebido, os momentos de gáudio fruídos, os benefícios recebidos.

ARROUBO
Êxtase; entusiasmo; manifestação súbita e intensa.

GÁUDIO
Júbilo; regozijo; folia; satisfação; prazer.

É um ingrato!

O seu egoísmo torna-o insensível e portador de amargura, assim como de *dureza do coração*.

Não te permitas sofrê-lo, nem te deixes afligir pela responsabilidade e culpa que te atira, em justificação pela fuga, pela deserção.

É muito comum, em todos os segmentos sociais, esse comportamento enfermiço.

O Espiritismo, no seu momento humano e na sua ação social assim como na doutrinária, não poderia constituir uma exceção.

São muitos os caçadores de prodígios, os buscadores de soluções fáceis pela mediunidade a que atribuem dons miraculosos, de um para outro momento, e após atendidos e amparados assumem o comportamento desertor.

DESERTOR
Que ou aquele que abandona suas convicções, sua religião, seu compromisso ou a causa de que era defensor.

DIVALDO FRANCO

Todos avançam no rumo da imortalidade e ninguém conseguirá bloquear a consciência no Mais Além, quando desperta após a travessia do mitológico rio Estiges...

Mantém-te em paz e prossegue, mesmo que aparentemente a sós. E, se isso ocorrer, a tua será uma solidão com Jesus, muito mais enriquecedora do que a presença da multidão ao teu lado, porém, sem Ele.

●

O apóstolo Paulo, em pleno campo de batalha, escreveu comovedora carta a Timóteo, que tinha como *filho amado*, referindo-se ao abandono a que fora relegado pelos amigos e beneficiários que passaram para *o mundo presente. Só Lucas está comigo. Toma contigo a Marcos e traze-o, porque me é útil ao ministério*, conforme as anotações em II Timóteo, 4:10 e seguintes.

A alma do missionário do Senhor estava sofrida e mesmo quando acusado, comentou: *Ninguém esteve ao meu lado na minha primeira defesa, pelo contrário, todos me desampararam*, sem, porém, abater-se no ânimo.

Jesus experimentou antes a deserção de todos aqueles a quem beneficiou durante o Seu ministério, com exceção apenas de João. Nenhuma voz se ergueu para defendê-lO e Ele ficou a sós com Deus.

Já que escolheste a tarefa da autoiluminação, cuida de perseverar na alegria assim como na provação.

Quando os desertores te deixarem, naturalmente acusando-te, permanece em tranquilidade, servindo, e aguarda o tempo para servi-los outra vez.

Eles voltarão, não importa quando, porque ninguém consegue viver feliz sem o reforço da energia do Bem.

A volúpia do prazer intoxica e cansa.

REFORÇO
Contribuição para a realização de uma tarefa; auxílio.

A ilusão dos gozos ou das experiências da fantasia diluem-se diante da bênção do tempo, da realidade.

Respeita todos que te cercam, mas conta com o Senhor, entregando-te a Ele, que jamais abandona, que nunca deserta.

Não ames menos aqueles que defraudaram o compromisso que assumiram espontaneamente e agora buscam a fama, a glória, o aplauso ou simplesmente a comodidade, os interesses imediatos.

São crianças espirituais que necessitam de compreensão, e recorda-te do Mestre, suplicando ao Pai que os perdoassem *porque não sabiam o que estavam fazendo.*

●

A vitória do bem é inevitável.

Com o apoio dos homens, sem a sua ajuda e apesar do comportamento de alguns, o momento final é a glória do amor.

Desse modo, nunca te desvies do compromisso que assumiste com o Senhor antes do berço.

Ele te espera.

Labora nos momentos de alegria, nos períodos de sofrimento, nos dias de Sol e nas noites sombrias, nunca elegendo tempo e lugar especiais para te dedicares ao dever da solidariedade.

O sofrimento não assinala períodos em que surge e logo desaparece. Faz parte da agenda evolutiva de todas as criaturas.

Abraçando a fé renovadora, sê-lhe fiel, jamais desanimando, porque sabes que tudo passa com celeridade, menos o amor de sabor imortal.

Avança, pois, mesmo que estejas *com os joelhos desconjuntados* e Ele te retificará no momento glorioso do reencontro.

● ●

A viagem de volta

O que é ser *desertor*? Segundo o dicionário Aurélio, *desertor* – entre outras definições – é aquele que abandona um partido, uma causa.

Deserção – Ato de desertar. Em geral, usado com o significado de *traidor*.

Em sua mensagem de alertamento, a benfeitora Joanna de Ângelis aborda aspectos gerais que comumente ocorrem nos grupos religiosos, como também nos mais diversos segmentos da sociedade. Todavia, o foco pode ser, especificamente, a causa espírita, considerada sob vários ângulos. Ressaltando situações que surgem em nossas fileiras, o propósito é o de alertar os iniciantes e, sobretudo, os que já estão no trabalho da Casa espírita, a fim de que não esmoreçam com as possíveis deserções, pois, vez que outra, acontecem.

Nessa linha de raciocínio, é oportuno lembrar a causa do Evangelho ao tempo de Jesus. Quantos, em convívio com Ele, desertaram, quase sempre por não suportar a luz que emanava dos Seus ensinamentos, acostumados que estavam às sombras. Esse confronto, que a princípio passava despercebido, em razão do encantamento que a presença d'Ele irradiava, das alegrias do convívio dos primeiros dias; das caminhadas entre cidades e aldeias quando Ele pregava e Sua voz parecia penetrar no âmago da alma de cada assistente, eram certamente momentos belos e inesquecíveis; das curas consideradas milagrosas que deslumbravam aos que as assistiam, tudo levando a crer que os recém-chegados fariam parte do grupo dos seguidores de Jesus. Poucos, porém, permaneciam, pois aquele Rabi dizia claramente coisas muito estranhas e amedrontadoras:

"Quem quiser vir até mim, negue-se a si mesmo, tome a sua cruz e siga-me.

Pois quem quiser salvar a sua vida, perdê-la-á; mas qualquer que, por amor de mim, perder a sua vida, a salvará." (Lucas, 9:23-24.)

"Se teu olho te escandalizar, arranca-o e atira-o para longe de ti. Melhor te é entrar na vida com um só olho, do que tendo dois e seres lançado ao fogo eterno." (Mateus, 18:9.)

"É mais fácil passar um camelo pelo fundo de uma agulha, do que entrar um rico no Reino de Deus." (Marcos, 10:25.)

"Segue-me, e deixa aos mortos sepultar seus mortos." (Mateus, 8:22.)

Inúmeros, quando convidados, alegavam os mais diversos impedimentos, temerosos muitos deles, de sofrerem perseguições, deixando passar o instante decisivo de suas vidas, que jamais voltaria na mesma situação.

Apraz-nos mencionar, nesse fio de ideias, o pensamento de Amélia Rodrigues, conforme exarado no livro *A mensagem do amor imortal*, ao analisar que após vinte séculos transcorridos da vinda do Mestre *"um vasto campo dos corações continua aguardando o arado amoroso para a sementeira feliz."*

E ela acrescenta:

"Muitos chamados, após os momentos iniciais de entusiasmo, deixam a seara entregue às pragas e às circunstâncias ásperas do tempo...

Outros mais, distraídos na frivolidade, arrebanham companheiros para o campeonato da leviandade, piorando a si mesmos e aos outros a situação moral em que estagiam...

Somente alguns comprometidos com a Verdade permanecem no labor, insistindo e desincumbindo-se das responsabilidades assumidas com festa na alma.

A sua dedicação ao trabalho, vale, no entanto, por inúmeros, por incontáveis outros que desertam. Mas não são suficientes..." (FRANCO, Divaldo; RODRIGUES, Amélia [Espírito]. *A mensagem do amor imortal.* Salvador, 2ª ed., LEAL, 2014, cap. 12, p.86.)

Lembra a mentora que Paulo de Tarso sofreu a solidão e o abandono de amigos e seguidores, sentindo-se a sós, nos instantes cruciais de sua vida, consoante o que escreve para Timóteo, (II Timóteo, 3: 9 a 13) que considerava "filho do coração".

Na magistral obra de Emmanuel, *Paulo e Estêvão*, psicografada por Chico Xavier, encontramos referências mais detalhadas acerca da presença de Timóteo, ao qual Paulo, mais tarde, passaria a chamar como "amado filho na fé". (*Paulo e Estêvão*, FEB, 44. ed., 2008, 2ª parte, cap. IV.) Timóteo era filho de Eunice e neto de Loide, ambas judias, viúvas e cristãs, residiam em Listra, tornaram-se dedicadas amigas do apóstolo dos gentios, hospedando-o em algumas ocasiões, o que favoreceu ao jovem, mal saído da adolescência, o privilégio de conviver com ele.

Nos primeiros momentos, ao conhecê-lo, Paulo admirou-se vendo o jovem dedicado às leituras dos pergaminhos da Lei de Moisés, observando a sua bondade e fina educação, aprestando-se, então, a transmitir, ali no amoroso lar, as primeiras lições da Boa-nova.

O terreno era fértil, aguardando as sementes. Timóteo preenche a alma, bebendo a linfa pura da Verdade, através de Paulo, sente, então, em seu coração, que Jesus o convoca, e prepara-se, de imediato, para o futuro que lhe acena radioso e belo.

A mentora assevera, então, que:

"Jesus experimentou antes a deserção de todos aqueles a quem beneficiou durante o Seu ministério, com exceção apenas de João. Nenhuma voz se ergueu para defendê-lO e Ele ficou a sós com Deus."

Não nos deve, todavia, causar surpresa a questão dos desertores, pois que em verdade trazemos em nossa bagagem pretérita as mesmas experiências, com a diferença capital que fomos nós os que desertaram.

Importa observar o que assinala Joanna de Ângelis, em sua obra, *Após a tempestade,* em especial no capítulo 24, quando ela traça o "mapa" das nossas vidas, no intuito de alertar sobre os nossos desacertos até os dias atuais. De forma notável ela consegue sintetizar a trajetória de um grupo de Espíritos desde que foram *gerados pelo Excelso Pai,* revelando que formamos *"uma grande família na sublime família universal, uma equipe de Espíritos afins."*

Ao longo do capítulo, a mentora retrata o quanto obtivemos da Bondade divina para que conseguíssemos avançar, e destaca que:

*"Ambiciosos, **desertamos** das diretrizes seguras da renúncia e da humildade para mergulharmos em fundos fossos, onde nos detivemos tempo sem conto, até que soassem os impositivos restauradores, concedendo-nos oportunidade de reaprender e reencetar serviços interrompidos.*

De instintos aguçados, preferimos, espontaneamente, as faixas animalizantes em que nos comprazíamos, no primitivismo, aos painéis coloridos e leves das Esferas Mais Altas. Por esses e outros vigorosos motivos, temos avançado lentamente, enquanto outros companheiros, intimoratos, se ergueram do caos e consegui-

ram ultrapassar os limites, em que, por enquanto, ainda nos detemos.” (Grifo meu) (FRANCO, Divaldo; ÂNGELIS, Joanna [Espírito]. *Após a tempestade.* Salvador, LEAL, 1ª ed., 1974, p. 132.)

Inumeráveis oportunidades nos foram concedidas as quais desprezamos preferindo permanecer na busca das falsas aspirações, ansiando pelos poderes transitórios do mundo, que resultavam em desastrosos comprometimentos perante a Justiça Divina. Séculos e séculos transcorreram no ir e vir das reencarnações dolorosas, enquanto expungíamos os graves erros cometidos, ao tempo em que claridades novas despertavam as consciências adormecidas.

EXPUNGIR
Fazer desaparecer; eliminar; apagar; tornar limpo; isento; livre.

Francisco de Assis, qual Sol abençoado, resplandeceu na Terra, convocando-nos a retornar às lides da fé, no sublime aprendizado da humildade e da renúncia, que muito lentamente se consegue conquistar.

Assim chegamos aos dias do Consolador prometido por Jesus à Humanidade. Importante meditar nas palavras da autora espiritual em relação a Allan Kardec, ao enfatizar que ele:

“Abandonou tudo, e, arriscando-se, – pois tinha a certeza da legitimidade dos postulados que os Espíritos lhe ofereciam, após caldeá-los e averiguá-los com sabedoria de inspirado dos Céus – transformou-se em estrela rutilante, vitalizado pelo Mundo Transcendente, para clarificar intensamente os tempos de todos os tempos.”

Entretanto, ela adverte que não *“pequena foi a quota dos desertores, dos detratores, dos caídos naqueles dias, e ainda hoje!...”* (*Ibidem*, p. 131.)

No livro *Obras Póstumas*, Allan Kardec escreve importante texto detalhando a questão, intitulado *Os desertores*. Vale anotar:

"Se é certo que todas as grandes ideias contam com apóstolos fervorosos e dedicados, não menos certo é que mesmo as melhores dentre elas têm seus desertores. O Espiritismo não podia escapar aos efeitos da fraqueza humana.

(...) Se passarmos à categoria dos espíritas propriamente ditos, ainda aí depararemos com certas fraquezas humanas, das quais a doutrina não triunfa imediatamente. As mais difíceis de vencer-se são o egoísmo e o orgulho, as duas paixões originárias do homem. Entre os adeptos convictos não há deserções, na lídima acepção do termo, visto como aquele que desertasse, por motivo de interesse ou qualquer outro, nunca teria sido sinceramente espírita; pode, entretanto, haver desfalecimentos. Pode dar-se que a coragem e a perseverança fraqueiem diante de uma decepção, de uma ambição frustrada, de uma preeminência não alcançada, de uma ferida no amor-próprio, de uma prova difícil. Há o recuo ante o sacrifício do bem-estar, ante o receio de comprometer os interesses materiais, ante o medo do "que dirão?"; há o ser-se abatido por uma mistificação, tendo como consequência, não o afastamento, mas o esfriamento; há o querer viver para si e não para os outros, o beneficiar-se da crença, mas sob a condição de que isto nada custe." (KARDEC, Allan. *Obras póstumas*. FEB, 1995, cap. *Os desertores.*)

> **LÍDIMO**
> Reconhecido como legítimo, autêntico; considerado como correto.

E o codificador acrescenta:

"Sem dúvida, podem os que assim procedem ser crentes, mas, sem contestação, crentes egoístas, nos quais a fé não ateou o fogo sagrado do devotamento e da abnegação; às suas almas custa o desprenderem-se da matéria. Fazem nominalmente número, porém não há contar com eles." (*Primeira parte*, p. 247.)

Nossa atenção se volta nessas reflexões para a palavra abalizada de Emmanuel, quando afirma:

> **ABALIZADA**
> Apontado; indicado; que demonstra muita competência; distinto; notável.

"Os companheiros que exterminaram intentos nobres e votos edificantes, tanto quanto os que desprezaram projetos superiores e abandonaram as boas obras, voltarão mais tarde, ao labor reconstrutivo, retomando o serviço que a vida lhes assinala, no ponto justo em que praticaram a deserção." (Palavras de vida eterna, 1964, Edição Comunhão Espírita Cristã, Uberaba, Psicografia de Francisco Cândido Xavier, c. 115)

A viagem de volta, portanto, ocorrerá mais adiante, em razão de compromissos espirituais assumidos, especialmente no âmbito do Espiritismo, quase sempre com mais deveres a cumprir, impostos pela própria consciência de cada um.

Desertores, deserções – sempre existiram.

E ainda podemos acrescentar algumas outras variações.

Temos os que desertam do trabalho preferindo a ociosidade; os que fogem dos compromissos da família, deixando filhos ao abandono; os que decidem pela violência, renegando a paz; os que desertam da vida terrena desistindo de lutar por sua preservação pessoal...

O Pai, todavia, não desiste do filho.

E aguarda que o filho pródigo faça a viagem de volta ao Seu inexcedível Amor.

• • •

A VITÓRIA DO BEM É INEVITÁVEL.
COM O APOIO DOS HOMENS,
SEM A SUA AJUDA E APESAR DO
COMPORTAMENTO DE ALGUNS,
O MOMENTO FINAL É
A GLÓRIA DO AMOR.
DESSE MODO, NUNCA TE DESVIES
DO COMPROMISSO QUE ASSUMISTE
COM O SENHOR ANTES DO BERÇO.
ELE TE ESPERA.

14

OUVE a TUA CONSCIÊNCIA

"**A LEI DE DEUS ESTÁ ESCRITA NA CONSCIÊN**-cia" da criatura humana.

Essa lúcida constatação dos Mentores da Humanidade ao codificador do Espiritismo Allan Kardec, abre espaço à psicologia para melhor entender os conflitos e os comportamentos complexos que enfrenta.

Para que a consciência possa contribuir saudavelmente em favor da conduta humana, torna-se indispensável o hábito da reflexão, a fim de que os níveis primários em que se apresenta ceda lugar à iluminação em estágio mais avançado.

É compreensível que o Espírito em condições aflitivas tenha dificuldade de identificar a Lei de Deus nele ínsita. Porque predomina a matéria, as sensações mais grosseiras na sua existência permanecem como solo crestado que não permite à semente nele plantada romper-lhe a *couraça*, facultando que desabrochem as potências adormecidas.

Em razão da sensualidade e dos apegos aos prazeres imediatos e desgastantes, continua em germe a essência divina nos refolhos dessa área superior da psique – a consciência.

O hábito, porém, de silenciar a ansiedade e os tormentos íntimos, de buscar entender-lhes a procedência e a presença nos painéis mentais, faculta perceber os conteúdos de que se constituem, para discernir com segurança o que é edificante e o que lhe é prejudicial.

Acostumado a agir por impulsos, quase automáticos, dá vigor à natureza animal de que se reveste, quando deveria pro-

COURAÇA
(Fig.) Qualquer coisa (concreta ou abstrata) que sirva de proteção a uma pessoa contra o revés, o infortúnio.

REFOLHO
As partes mais profundas, mais secretas da alma.

DEOTROPISMO
Estímulo que impele o ser a crescer em direção a Deus.

mover a espiritual que germina e avança atraída pelo Deotropismo no rumo da plenitude.

Condicionamentos impostos pelos instintos básicos que governam a existência na sua fase inicial de desenvolvimento intelecto-moral, à medida que adquire conhecimentos para a lógica existencial, experiencia os lampejos da consciência digna que libera a *Lei de Deus*, que está sintetizada no amor.

LAMPEJO
Manifestação súbita e brilhante de inteligência; rasgo de sentimento que pode ser intenso mas é de curta duração.

Na razão direta em que o amor sobrepõe-se à violência e aos fatores da agressividade, mais valiosos contributos são cedidos com o consequente enriquecimento de paz e de alegria de viver.

Ninguém existe destituído de consciência, exceção feita àqueles que expiam graves delitos em renascimentos assinalados pelas limitações e deformidades cerebrais...

Todos os seres que pensam dispõem do auxílio da consciência para fazer o que pode e deve, sempre quando se lhe torne lícita a realização.

A acomodação defluente da preguiça mental em alguns indivíduos impedem-no de avançar nos comportamentos corretos.

Deus, a todos os Seus filhos, concedeu consciência do dever, que proporciona as habilidades indispensáveis à conquista da iluminação.

Essa sublime herança vincula todos os membros da Criação ao Genitor Celeste.

•

Ouve a tua consciência sempre que te encontres em conflito, em dificuldade de definir rumos e comportamentos adequados.

Reflexiona em silêncio e com calma, permitindo que a inspiração superior seja captada e o discernimento te aponte a melhor conduta a seguir.

Evita o costume doentio de transferir para os outros a tarefa de decidir por ti, de viver sob os conselhos dos demais como se fosses um parasita psíquico.

Liberta-te do morbo da queixa e desperta para entender que todos sofrem, têm problemas, mesmo que os não demonstrem, porque a sabedoria que possuem ao aconselhar é resultado dos caminhos percorridos, das aflições superadas e dos testemunhos ultrapassados.

> **MORBO**
> Estado de quem ou do que apresenta alguma patologia, condição doentia; enfermidade, moléstia

Por outro lado, evita o costume de aconselhamentos e de orientações, de narrar as tuas vivências, como se fossem as mais importantes do mundo.

O que hajas vivenciado é importante para ti e nem sempre será regra geral de bom proceder para todos.

Cada ser humano é uma unidade muito complexa e especial, que faz parte da unidade universal, com as características próprias e as conquistas positivas e negativas adquiridas.

Quando delegas a outrem aconselhar-te, não estás disposto realmente a seguir a diretriz que te seja oferecida. Normalmente, buscas conselhos e bengalas psicológicas até encontrares o que realmente gostarias que te dissessem, aquilo que te é agradável e compensador. Esse comportamento inconsciente é uma forma autodefensiva, porque aquilo que te venha a acontecer não será somente de tua responsabilidade.

O crescimento intelectual, assim como o de natureza moral, é trabalhado continuamente, sem interrupção nem saltos gigantes.

A cada momento uma conquista nova, um descobrimento que se incorpora aos conteúdos arquivados na mente.

Permitindo-te ouvir a consciência, serás inspirado à oração que te fortalecerá o ânimo e te auxiliará a fruir paz.

Quanto mais auscultes a consciência e exercites a reflexão dos pensamentos, mais se expandirão as possibilidades e os registros legais se te farão claros e lúcidos, e te auxiliarão na

> **AUSCULTAR**
> Procurar saber; inquirir; investigar.

conquista da felicidade e da harmonia interior, estimuladoras para os avanços a níveis superiores da evolução.

Não te detenhas, pois, em queixumes e rogativas de orientação, como se estivesses desequipado dos instrumentos para alcançar a vitória sobre as circunstâncias e provações necessárias.

Confia em Deus, na proteção dos teus Amigos espirituais e também nos teus valores, esses que vens amealhando durante a reencarnação.

AMEALHAR
(Fig.) Acumular, juntar, enriquecer a existência.

•

Jesus, que é o Guia da Humanidade, sempre buscava a solidão para reabastecer a consciência com a Lei de Deus, e permanecer como o amor na expressão máxima que se conhece, mesmo quando não amado.

Não tenhas sofreguidão para tudo resolver sem pensar, sem aprofundar a concentração.

Em qualquer realização, faz-se necessária a bênção do tempo, a fim de experimentar-se os resultados auspiciados.

AUSPICIAR
De bom agouro; que gera esperanças; prometedor.

Não te aflijas com a pressa, aguardando frutos de bem--estar quando apenas começa a ensementação das experiências enobrecedoras.

Criado o hábito de amar e servir, alegria incomum preencher-te-á o vazio existencial, e perceberás o significado psicológico da vida, sem os transtornos que antes te desequilibravam.

Verás melhor o caminho a percorrer e experimentarás maior alegria em viver, porque tens metas a conquistar.

Os conselhos, portanto, de que necessitas estão nas palavras luminosas de Jesus.

Diante de todo e qualquer outro aconselhamento que peças e recebas, não deixes de consultar a tua consciência antes de aceitá-lo.

• •

Evolução da consciência

Quando Allan Kardec propõe ao Espírito de Verdade a questão 621 de *O Livro dos Espíritos* (FEB, 2006), o faz trazendo ao entendimento geral um dos temas mais importantes para o ser humano, cuja resposta, é óbvio, lhe era plenamente conhecida, o que se pode deduzir pelo transcendente significado do que estava abordando naquele passo da obra. Vejamos, pois, a formulação da pergunta e a resposta.

"Onde está escrita a lei de Deus?
Na consciência."

Por milênios transatos, vez que outra, a Terra tem abrigado profetas, sábios e missionários, que, trazendo uma bagagem evolutiva considerável, deixam na sua passagem ensinamentos com os quais procuram despertar a consciência dos seres humanos. Mas essas advertências caem logo no esquecimento, por ser mais cômodo deixar tudo como está e viver alienado na própria condição terrena. Todavia, o progresso é incessante e a Humanidade, como um todo, lentamente, atinge a sua *maioridade evolutiva* e, embora as ilusões, a insensatez e a maldade pareçam predominar, os bons e os propensos ao bem são em maior número e aos poucos prevalecerão.

Enquanto isso não acontece, o aprendizado é ininterrupto, sendo o progresso uma lei imutável da natureza, conforme ensina *O Livro dos Espíritos*. (FEB, 2006, cap. VIII, terceira parte). Assim, as vozes dos Imortais falam constantemente ao plano físico, para que aprendamos a fixar em nosso mundo íntimo os novos conceitos e paradigmas que constituem a Nova Era. Para tanto, é preciso realizar o descondicionamento do passado sombrio que ainda teima em se fazer presente nas nossas ações de cada dia.

Nesse aspecto, Joanna de Ângelis, a veneranda benfeitora de todos nós, não cessa de trazer edificantes ensinamentos e alertas para que cada um possa contribuir com a mudança estrutural de mentalidade, imprescindível para que se estabeleça no planeta a era da regeneração.

Para se ter uma ideia do que representa a consciência, é importante determo-nos numa das mais notáveis mensagens psicografadas por Chico Xavier, intitulada *Vozes do Espírito*, em que o autor espiritual não se identificou e assinou apenas *"Um Espírito"* – verdadeiro modelo de síntese apresentando a evolução do Espírito, em 30 frases, e uma delas registramos aqui, por referir-se ao nosso tema:

"A consciência é o meu guia."

Portanto, se a Lei Divina está escrita em nossa consciência, conforme acima mencionado, o Espírito, autor da mensagem, assevera que a lei divina é o guia de cada ser imortal.

Nessa linha de raciocínio, a mentora Joanna de Ângelis enfatiza que a noção da importância da consciência:

"(...) Abre espaço à psicologia para melhor entender os conflitos e os comportamentos complexos que enfrenta. Para que a consciência possa contribuir saudavelmente em favor da conduta humana, torna-se indispensável o hábito da reflexão, a fim de que os níveis

primários em que se apresenta ceda lugar à iluminação em estágio mais avançado."

A mentora, na sequência, analisa quais são os obstáculos e entraves que impedem às criaturas humanas descobrir a sua própria essência divina, que existe em germe, tendo em vista que, no mundo atual, a predominância das condutas amorais, desequilibradas e insanas parece ser a vivência geral de enorme parte da Humanidade. O panorama mundial expressa uma ambiência vibratória bastante perturbadora, levando-se em conta, inclusive, que uma parcela considerável de Espíritos inferiores, desencarnados, contribui, com sua influência malévola, para que haja uma desoladora e sombria paisagem no tocante às emoções humanas, formando, assim, um oceano de pensamentos negativos e desequilibrados que repercutem entre o plano físico e o espiritual.

> **ENTRAVE**
> Obstáculo, embaraço, impedimento.
>
> **GERME**
> Condição elementar, incompleta; origem.

Gradativamente, porém, a consciência começa a despertar, impulsionada pelas experiências reencarnatórias, ao tempo que adquire conhecimentos acerca do sentido transcendente da vida física. (*O Evangelho segundo o Espiritismo*, FEB, 2004, 2ª ed. especial, cap. 5, item 11) registra:

> "*Para nos melhorarmos, outorgou-nos Deus, precisamente, o de que necessitamos e nos basta: a voz da consciência e as tendências instintivas. Priva-nos do que nos seria prejudicial. (...)*
>
> *As boas resoluções que tomou (referindo-se ao homem) são a voz da consciência, advertindo-o do que é bem e do que é mal e dando-lhe forças para resistir às tentações.*"

> **OUTORGAR**
> Conceder; facultar; conferir.

Esse estágio do desenvolvimento consciencial, já desperto, é denominado pelos autores do livro *"Evolução espontânea"*, Bruce H. Lipton e Steve Bhaerman (Ed. *Butterfly,* São Paulo, 2013, Trad. Yma Vick), de *autoconsciência,* que é definido como um *" estado que permite, simultaneamente, tanto a posição de participante ativo quanto de observador da vida."* Segundo esses autores, *"a autoconsciência nos permite ser cocriadores de nossa existência, e não meros agentes de reação a estímulos. Graças a ela, podemos atuar como seres independentes em processos de tomada de decisão."*

Joanna de Ângelis ressalta, então, que *a Lei de Deus* está sintetizada no amor, e este sentimento, à medida que se aprofunda e se expande, propicia enriquecimento de paz e alegria de viver. A autora faz uma observação que nos deve merecer uma reflexão a respeito, quando diz :

"Ninguém existe destituído de consciência, exceção feita àqueles que expiam graves delitos em renascimentos assinalados pelas limitações e deformidades cerebrais."

É bom notar que ela está se reportando àqueles que vivenciam graves processos expiatórios, trazendo a consciência obnubilada momentaneamente, sendo assim, não têm plena consciência de si mesmos, e não têm propriamente a consciência como o fulcro onde está insculpida a Lei de Deus, que é atributo do Espírito imortal.

> **OBNUBILAÇÃO**
> Estado de perturbação da consciência, caracterizado por ofuscação da vista e obscurecimento do pensamento.

Deve-se reconhecer, todavia, que a misericórdia do Pai Celeste imprimiu, em todos os Seus filhos, uma herança cuja sublimidade começamos a perceber em lampejos que incessantemente passam a brilhar nos seres conscientes, e que nos falam da magnificência do universo, dos pulsões da Vida imortal, do amor que desabrocha como conquista pessoal, lentamente. A autora espiritual menciona, nesse contexto, a consciência do dever que, aos poucos, faz-se perceptível, evidenciando que o seu cumprimento como norma de vida é indispensável para a conquista da iluminação.

Vejamos o que ela afirma a respeito:

"Deus, a todos os Seus filhos, concedeu consciência do dever, que proporciona as habilidades indispensáveis à conquista da iluminação."

Oportuno lembrar, a essa altura, a bela mensagem de Lázaro, em *O Evangelho segundo o Espiritismo* (FEB, 2004, cap. XVII, item 7), intitulada *O dever*, no pequeno trecho a seguir:

"O dever principia, para cada um de vós, exatamente no ponto em que ameaçais a felicidade ou a tranquilidade do vosso próximo; acaba no limite que não desejais ninguém transponha com relação a vós. (...)

O homem que cumpre o seu dever ama a Deus mais do que as criaturas e ama as criaturas mais do que a si mesmo. (...)

O dever é o mais belo laurel *da razão; descende desta como de sua mãe o filho. (...)*

LAUREL
Coroa de louros; honraria que se concede a alguém em reconhecimento a seus méritos; elogio; louvor.

O dever cresce e irradia sob mais elevada forma, em cada um dos estágios superiores da Humanidade. Jamais cessa a obrigação moral da criatura para com Deus."

Em sua obra *Ilumina-te,* no capítulo intitulado *Consciência de Dever,* Joanna de Ângelis expressa-o como resultado do patamar evolutivo do ser, conforme a seguir:

"A reta consciência do dever é o estágio de amadurecimento psicológico do ser humano que descobre o objetivo primordial da existência na Terra e labora *em favor do atendimento de todas as responsabilidades que lhe dizem respeito."* (FRANCO, Divaldo; ÂNGELIS, Joanna [Espírito]. *Ilumina-te.* Catanduva, 1ª ed. especial, InterVidas, 2013, cap. 28, pp. 177-178.)

LABORAR
Ocupar-se em (algum ofício); trabalhar, obrar; fazer, realizar.

Na sequência da mensagem em enfoque, a autora espiritual refere-se a um aspecto essencial:

Essa sublime herança vincula todos os membros da Criação ao Genitor Celeste. Cada ser humano é uma unidade muito complexa e especial, que faz parte da unidade universal, com as características próprias e as conquistas positivas e negativas adquiridas."

A física quântica esclarece que tudo no Universo está interligado, como numa rede cósmica. E o pensamento de Joanna de Ângelis, portanto, esplende com sabedoria quando se refere a tudo isso em suas excelentes obras.

O fato de constatarmos o Espiritismo como fé raciocinada, se avulta cada vez mais, através das instruções que vertem do mundo Espiritual Superior, como lições de inigualável sabedoria e amor.

A autora espiritual evidencia o quanto é importante ouvir a voz da consciência, e, para que isso aconteça, é preciso fazer silêncio interior, deixando velhos hábitos nocivos, estabelecendo sintonia harmoniosa através da oração. Assim procedia o Mestre, que em alguns momentos retirava-se do bulício da vida comum para o silêncio da natureza, em solidão profunda, a fim de entrar na comunhão mental com o Pai, reabastecendo-se com as energias infinitas do Amor divino.

AVULTAR
Tornar-(se) maior ou mais intenso; aumentar, ampliar(-se); intensificar(-se).

BULÍCIO
Agitação de muita gente; desordem; falta de sossego; movimentação intensa; conturbação.

• • •

A RETA CONSCIÊNCIA
DO DEVER É O ESTÁGIO
DE AMADURECIMENTO
PSICOLÓGICO DO SER
HUMANO QUE DESCOBRE
O OBJETIVO PRIMORDIAL
DA EXISTÊNCIA NA TERRA
E LABORA EM FAVOR DO
ATENDIMENTO DE TODAS
AS RESPONSABILIDADES
QUE LHE DIZEM RESPEITO.

15

SABEDORIA do AMOR

CONSIDERANDO-SE AS GLÓRIAS INCOMPA-
ráveis da Ciência e da Tecnologia contemporâneas, que
devassaram o Cosmos e penetraram nas micropartículas, revelando a grandeza universal e o milagre da energia, seria de
esperar-se que os desafios existenciais se encontrariam solucio-
nados.

DEVASSAR
Invadir, observar,
conhecer por com-
pleto.

Certamente incontáveis problemas foram equacionados,
enigmas terríveis se tornaram decifrados, o conforto e as comodidades multiplicaram-se, favorecendo benefícios incontáveis na evolução que tornaram a Terra quase um paraíso...

Nada obstante, a face do sofrimento humano alterou-se,
proporcionando modificações profundas no mapeamento das
aflições, não conseguindo eliminá-las como seria de desejar-se.

Pandemias terríveis foram retiradas do planeta, enquanto outras, não menos dilaceradoras, vieram tomar-lhes o lugar.

A abundância de víveres em grãos e os processos tecno-
lógicos de produção em massa de animais e aves tornaram-se
surpreendentes, não sendo, porém, possível diminuir a fome
no mundo, que continua irreversível, ceifando centenas de milhões de vidas.

VÍVERES
Alimentos para
subsistência.

Substituíram os mecanismos das guerras perversas de
corpo a corpo pela crueldade das criaturas bomba, portadoras
de insanidade e de ódio inigualáveis.

As angústias emocionais, defluentes dos fatores diversos, especialmente dos *eventos de vida,* são mais temíveis do que o pavor da ignorância medieval.

O crime continua assolando em formas variadas e o medo domina a sociedade, que já não sabe como proceder.

Horrores dificilmente catalogados aturdem as multidões.

Excessos de poder, de fortuna, de êxtases mundanos são olhados pela miséria extrema dos excluídos.

As mansões de luxo iluminadas confraternizam com as cracolândias e os depósitos de lixo ameaçador.

Para onde ruma a Humanidade?

Pergunta-se por qual razão há tantos paradoxos, assim como por que existem tantos humanos contrastes?

Jesus ofereceu as respostas conforme inseridas no *Sermão da Montanha*, no cântico mais profundo e espetacular que a Humanidade teve ocasião de escutar.

O Seu brado sobre o amor radical ainda não foi ouvido e, perdendo-se nos desvãos do prazer, a criatura humana é responsável pela grandeza das conquistas anotadas, assim como dos prejuízos éticos e morais.

DESVÃO
(Fig.) Recanto oculto; recôndito.

Tem semeado trigo e cardos simultaneamente, sendo que o escalracho predomina, com a natural colheita de dores.

ESCALRACHO
Planta daninha invasora das searas.

Quase ninguém que não esteja experimentando o convite da aflição e sem rumo, fugindo de maneira vergonhosa do enfrentamento com a consciência.

Renova-se a mensagem do Mestre na doutrina que os Espíritos trouxeram, a fim de repetir-Lhe os enunciados, apresentando as soluções para os aziagos acontecimentos do presente.

AZIAGO
Que traz má sorte; em que há infelicidade; de mau agouro; nefasto.

●

Reflexiona: a fortuna de hoje nas tuas mãos, se não souberes bem administrá-la, será carência e compromisso negativo no futuro.

A comodidade de agora pode ser véspera da escassez de logo mais.

Semeia luz no caminho bem traçado e confortável ou naquele coberto de abrolhos por onde sigas.

Não te canses de servir, de ser útil, de fazer a parte que te cabe na economia coletiva e espiritual da existência.

ABROLHO
O que dificulta; escombro.

Dá-te conta que os desastres de todo tipo, que ora tomam conta das manchetes da mídia escandalosa, são efeitos da conduta de cada indivíduo no seu passado atual.

Sem dúvida, muitos males que ora são enfrentados, defluem das ações infelizes desta existência, da negligência, dos desacertos, das animosidades, da insensatez. Outros males, porém, transcendem a presente jornada, e ressurgem como heranças nefárias de existências anteriores.

NEFÁRIO
Execrável; perverso; malvado.

Não desanimes, no entanto, insistindo na ação edificante, fruto de pensamentos retos e dignificadores.

A sociedade será melhor e mais feliz na razão direta em que cada um dos seus membros assuma a responsabilidade de alterar o comportamento, elegendo diferente proceder.

Não será necessária uma severa mudança para uma conduta mística, alienada, mas sim para atitudes consentâneas com as lições sublimes das *Bem-aventuranças.*

CONSENTÂNEO
Apropriado, adequado, conveniente.

É urgente que te permitas instalar nos sentimentos as diretrizes da afetividade do bem fazer.

Não estás isento de experienciares sofrimentos inesperados e bem-estares agora, da mesma forma que a segurança econômica e social podem, sem aviso prévio, alterar-se para pior.

De igual maneira, a carência e a solidão, a dor selvagem e o desespero, modificam-se, como ocorre amiúde.

AMIÚDE
Repetidas vezes, com frequência, a miúdo.

Precata-te interiormente, agradecendo a Deus tudo que te ocorre e acende a sublime luz da alegria de amar no país do teu coração.

PRECATAR
Acautelar(-se), prevenir(-se).

JOANNA DE ÂNGELIS

ESFAIMADO
Que tem fome; faminto, esfomeado

Frui as bênçãos do conhecimento e espalha-as com os esfaimados de misericórdia, de oportunidade e de paz.

•

A jornada terrestre é caracterizada pelos acontecimentos inesperados.

Quem poderia imaginar que a multidão que O recepcionou na entrada de Jerusalém, seria a mesma que, em poucos dias, O apuparia e o levaria à cruz?

APUPAR
Perseguir com vaias; zombar; escarnecer.

A volúpia da multidão é variada. O que a embriaga em um momento, transforma-se, noutro instante, em fúria.

Os seres humanos são frívolos e, por constituição orgânica e emocional, ainda não dispõem da segurança para a preservação da estabilidade psicológica necessária à manutenção dos valores éticos elevados, que exigem sacrifício para ser vivenciados.

Aqueles que seguiam Jesus, com raras exceções, desejavam-nO como comandante futuro do país, a fim de vingar-se de Roma e que pudesse dominar o mundo de então, como se fossem privilegiados pelo Senhor do Universo.

Desejavam a Vida eterna, mas também um mundo de prazeres inexauríveis.

Essa conduta e crença ainda permanecem em muitos religiosos que preconizam a imortalidade sem abandono do mundo de gozos incessantes.

Resguarda-te, porém, na confiança em Deus e avança, crucificado ou livre, vivenciando a sabedoria do amor para seres sempre livre.

• •

Os mananciais das bênçãos divinas

Assustadoras são as manchetes destes dias em que vivemos, causando preocupação e certa dose de tristeza, quando nos sentirmos irmanados com os que estão passando por sofrimentos inenarráveis, muitos sendo alvo de perversidades que jamais pensamos que pudessem existir, enquanto outros buscam alucinadamente prazeres que lhes anestesiem o medo e o vazio existencial. Multiplicam-se as estâncias para o lazer e o repouso, que, entretanto, não são capazes de possibilitar o descanso da consciência encharcada por pensamentos negativos e desalentadores.

Diante de tanto descalabro, indaga a autora espiritual: *"Para onde ruma a Humanidade?"* Com sua palavra benfazeja, ela expõe as imprescindíveis mudanças que cada criatura deve realizar, a partir das entranhas profundas do Eu, visando como resultado a transformação do mundo ao seu redor, em expansão constante no processo regenerador, onde prevaleça o amor carregado de compaixão e solidariedade fraternal.

Quanta sabedoria exala desse sentimento feliz!

Emmanuel disse, em certa oportunidade, pela psicografia de Chico Xavier, que o Amor e a Sabedoria são as "duas asas" que identificam o Espírito superior. Joanna de Ângelis, ao transmitir esta mensagem a Divaldo, intitulou-a de *A Sabedoria do Amor*, unindo assim as duas qualidades nobres e excelsas, mas especialmente para evidenciar que o amor, na sua expressão universal, é pleno de sabedoria que o Espírito adquire através de milênios.

DESALENTO
Que faz perder o ânimo, que tira a vontade de agir.

BENFAZEJO
Que pratica ou proporciona o bem; que tem ação favorável.

JOANNA DE ÂNGELIS

O título chamou-me a atenção, de imediato, porque em seu significado profundo é possível inferir que as bênçãos divinas jorram dos mananciais do Pai, ensinando-nos a sabedoria de amar. A esse respeito, a autora espiritual, no livro *Filho de Deus*, no capítulo intitulado *Amor de Deus*, enaltece as magnificências do Criador. Vale conferir:

> *"Na majestosa harmonia do Universo e na sua impenetrável grandiosidade, ressalta, eloquente, a presença do amor de Deus.*
>
> *Somente o amor é o programador perfeito para a exuberância infinita das galáxias e o matemático exato para dar-lhe o equilíbrio cósmico com tal precisão que extasia a mente humana, que ora começa a compreender as leis de sustentação e de ordem vigentes em toda parte."* (FRANCO, Divaldo; ÂNGELIS, Joanna [Espírito]. *Filho de Deus*. Salvador, 10ª ed., LEAL, 2014, cap. 25, p. 144.)

Entretanto, a Humanidade terrena ainda está como a samaritana, na imorredoura parábola do Mestre, buscando a água que lhe possa dessedentar a sede, mas levando, afoitamente, o cântaro das ilusões que permanece vazio.

Na passagem de Jesus e a mulher samaritana, como registra o evangelista João (4: 1 a 30), Ele a esperava, sentado à beira do "poço de Jacó", porque sabia que ela viria, como de hábito. Ela chega e estranha que Ele, sendo judeu, lhe peça de beber. Com sabedoria plena e amor incondicional, o Mestre, respondendo, diz:

> *"Se conhecesses o dom de Deus e quem é aquele que te diz "Dá-me de beber", tu lhe pedirias e ele te daria água viva."* (João, 4:10.)

DESSEDENTAR
Matar a sede de (alguém, algo ou si próprio); refrescar (-se), saciar(-se).

CÂNTARO
Espécie de vaso de barro; pote; vasilha.

O diálogo que ali se estabelece é dos mais notáveis e retrata a precária condição humana perante a magnificência do Verbo divino. A mulher de Samaria, embora a soma de aflições e conflitos que aturdem a sua alma, interessa-se pela água que o estranho lhe oferece, seja porque foi envolvida pela aura de paz e esperança que Ele irradiava, seja porque aquele era o tempo de Deus em sua existência. É então que Jesus, referindo-se à água do poço, diz-lhe:

"Todo aquele que bebe desta água terá sede novamente. Mas, quem beber da água que eu lhe der, nunca mais terá sede; ao contrário, a água que eu lhe der se tornará nele uma fonte de água jorrando para a vida eterna. A mulher diz para ele: Senhor, dá-me desta água, para que eu não tenha sede." (João, 4:13,14,15.)

A benfeitora espiritual Amélia Rodrigues, com a ternura e conhecimento que lhe são peculiares, registra através da luminosa mediunidade missionária de Divaldo Franco o inesquecível encontro de Jesus com a mulher de Samaria, na obra *Primícias do Reino*, descrevendo a certa altura as reações que passam a dominá-la ao ouvi-lO:

"Vibrações incomparáveis estrugem no coração da mulher.
Guardava ânsias de paz e não sabia como ou onde encontrá-la. (...)
Penetrara a mulher o sentido das palavras do Rabi? Desejava libertar-se da exaustiva tarefa ou buscava mais clareza no ensino?
Os meigos olhos d'Ele incendeiam-se e se fixam nos olhos dela, penetrando-lhe o recôndito do espírito.
– "Vai chamar o teu marido e vem cá" – ordena-lhe com brandura e segurança.

ESTRUGIR
Soar ou vibrar fortemente (em); estrondear, retumbar.

RECÔNDITO
Oculto; que existe no âmago de uma pessoa; íntimo.

JOANNA DE ÂNGELIS

Ela se perturba. Era uma pecadora, e Ele o sabia – conjectura...

Esse era o seu tormento íntimo.

Quanto se sentia ferida, humilhada no seu amor, receosa!...

As lágrimas afloram e escorrem abundantes; a palavra empalidece o vigor nos seus lábios e, quase sem fôlego, esclarece:

– "Não tenho marido..."

A vergonha estampa no rosto moreno a própria dor.

– Disseste bem: "não tenho marido" – confirmou Jesus – pois que cinco maridos tiveste, e o que agora tens não é teu marido; isto disseste com verdade.

Surpreendida, a samaritana não mais oculta a alegria, a felicidade. Grita, quase:

– "Senhor, vejo que és Profeta!"

A mulher samaritana representa bem a Humanidade de todos os tempos, na busca constante de alguma coisa maior que não sabe onde encontrar. Mas Jesus vem e acolhe cada um no Seu amor, ensinando que a água viva que Ele oferece se transforma em fonte para a Vida eterna, no futuro que se abre em perspectivas promissoras conforme os desígnios de Deus, na inexorável Lei da evolução.

Jesus, como Governador espiritual da Terra, reuniu em nosso planeta, desde os habitantes primitivos à Humanidade atual, encarnados e desencarnados com diferentes níveis evolutivos a fim de que os mais ricos de conhecimento e também de conquistas significativas no campo dos sentimentos, estes, afinados com a mudança para um novo tempo, na certeza de que na época certa estariam a postos preparando a sementeira do porvir, atendendo às necessidades humanas.

A mentora ressalta: *"Renova-se a mensagem do Mestre na doutrina que os Espíritos trouxeram, a fim de repetir-Lhe os enunciados apresentando as soluções para os aziagos acontecimentos do presente."*

O dom de Deus está presente e o Seu amor renova as criaturas ofertando-lhes o Espiritismo, para que sorvam, em definitivo, a água viva da Verdade, que jorra incessantemente dos mananciais divinos.

A hora vem, adverte o Mestre, e é agora (João, 4:21). Estamos em plena vigência do Consolador, são chegados os tempos e não se deve mais postergar o momento decisivo do despertar da consciência, que adviria do conhecimento que a avançada tecnologia atual proporciona, entretanto, faz-se acompanhar de toda a gama de sofrimentos que persistem exaustivamente no âmago dos seres, impelindo-os, finalmente, à inexorável busca do sentido da vida.

É a esse indivíduo desperto que a vida ensina a arte de amar, pois já consegue perceber o quanto é importante e prazeroso cultivar o amor. O amor é o sentimento, amar é o sentimento em ação. O ser humano, no ir e vir das vidas sucessivas, nas experiências de cada dia, no esforço hercúleo de vencer-se a si mesmo, burilando as suas arestas morais, aprimorando seus pendores, assenhoreando-se das próprias emoções, afina o sentimento, como um violinista afina o seu instrumento. Mais adiante, no transcurso dos evos, ele o irá refinar, para ser merecedor da felicidade no mundo superior que o aguarda.

Allan Kardec, em *O Livro dos Espíritos*, em nota à questão 938-a, assevera:

> *"A Natureza deu ao homem a necessidade de amar e ser amado. Um dos maiores prazeres que lhe são concedidos na Terra é o de encontrar corações que simpatizem com o seu. Dá-lhe ela, assim, as primícias da felicidade que lhe está reservada no mundo dos Espíritos perfeitos, onde tudo é amor e benevolência. Esse prazer é recusado ao egoísta."* (KARDEC, Allan. *O Livro dos Espíritos.*

HERCÚLEO
Excepcional, fenomenal, assombroso, como (alguma qualidade) de Hércules.

EVO
Perpetuação, duração desprovida de fim; eternidade, eviternidade.

JOANNA DE ÂNGELIS

199

FEB, Trad. de Evandro Noleto Bezerra, Ed. comemorativa do sesquicentenário, 2006.)

Em uma de suas belas páginas, inserida no seu livro *Ilumina-te*, Joanna de Ângelis ensina, com sabedoria:

"Onde estejas, com quem te encontres, nunca deixes de assinalar a tua presença com a ternura, a misericórdia, a alegria de amar e de servir.

As pegadas mais fortes são aquelas transformadas em luzes que brilham apontando o rumo de segurança.

Caso tenhas coragem, após sofreres os acúleos da estrada, retira-os, a fim de beneficiares todos aqueles que venham depois de ti.

Que a tua dor não seja por eles experimentada nem os teus suores de sofrimentos íntimos derramem-se pelas faces dos futuros divulgadores do infinito amor." (FRANCO, Divaldo; ÂNGELIS, Joanna [Espírito]. *Ilumina-te*. Catanduva, 1ª ed. especial, InterVidas, 2013, cap. 26, pp. 168.)

Eis a **sabedoria do amor** de Joanna de Ângelis.

Aprender com ela é alcançar o infinito amor.

ACÚLEO
Espinhos; ferrão; de ponta afiada.

• • •

TODO AQUELE QUE BEBE DESTA ÁGUA TERÁ SEDE NOVAMENTE. MAS, QUEM BEBER DA ÁGUA QUE EU LHE DER, NUNCA MAIS TERÁ SEDE; AO CONTRÁRIO, A ÁGUA QUE EU LHE DER SE TORNARÁ NELE UMA FONTE DE ÁGUA JORRANDO PARA A VIDA ETERNA. A MULHER DIZ PARA ELE: SENHOR, DÁ–ME DESTA ÁGUA, PARA QUE EU NÃO TENHA SEDE." (JOÃO, 4:13,14,15)